ムラヨシマサユキのチョコレート菓子

ぼくのとっておきのレシピ。

ムラヨシマサユキ

はじめに

ぼくが上京してきた頃、
テレビでも、雑誌でも、ショコラトゥリーが多々取り上げられ、
お菓子のムーブメントが『チョコレート』一色でした。
ご多分にもれず、ぼくもさまざまなお店を巡りました。
食べ過ぎて、銀座のど真ん中で倒れそうになったほどでした。
それくらい、初めて味わうものばかりで、感動しっぱなしでした。

それから、さまざまな場所で出会ったチョコレート菓子を、
ノートに書き留めては、自分で作るなら？とレシピにしてきました。

はたと気づけば、今、チョコレートのお菓子は、
“作るもの”から、“買うもの”になっていました。

チョコレートは扱いが難しい！面倒！という印象もあってか、
お菓子作りでは、少し敬遠されがちな素材なのかもしれません。

でも、実はそんなことないのです。
今回、本書では美味しくするための工程をしっかり押さえても、
複雑で面倒な、見映えのためだけの工程は極力省いてみました。

家庭で作るチョコレート菓子はラフでよいのです。

普段のお菓子を作るように、
チョコレートをもっと気軽に楽しんでほしいです。

ぼくのレシピノートから、
とっておきのチョコレート菓子をご紹介します。

しらヨシマサユキ

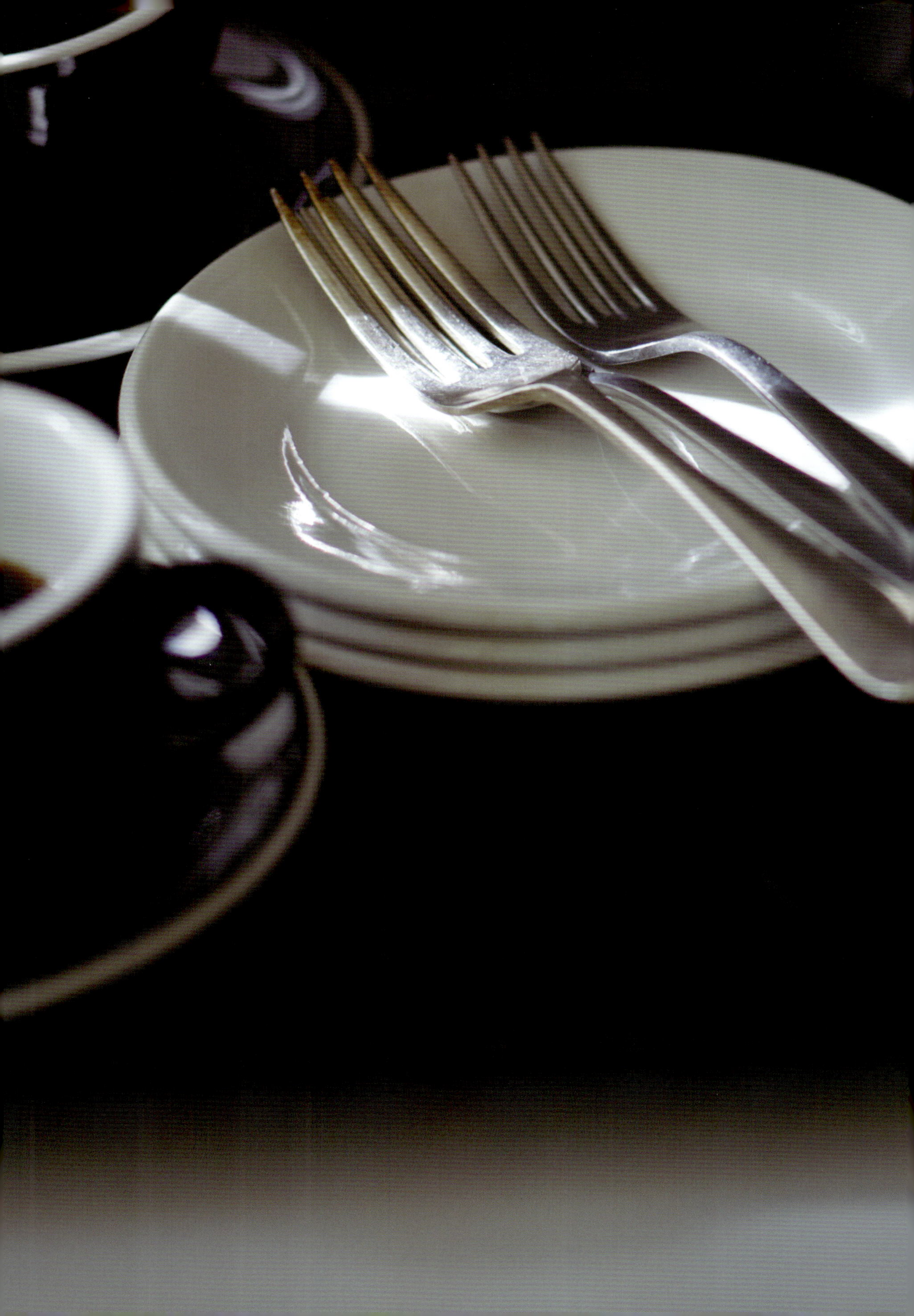

チョコレート菓子を作る前に

- オーブンは使う前に、しっかり予熱してから焼いてください。
- 本書で紹介している焼き菓子は家庭用オーブンで焼成する際の温度、時間を紹介しています。オーブンの機種や性能により、差があります。焼き上がりは本書の写真を参考にし、記載されている時間で焼けるように温度を調整してください。
- 小さじ1は5㎖、大さじ1は15㎖です。
- ごく少量の分量は「少々」または「ひとつまみ」としています。「少々」は親指と人差し指でつまんだ分量で、「ひとつまみ」は親指と人差し指と中指、3本でつまんだ分量になります。
- 「適量」はちょうどよい分量、「適宜」は好みで入れなくてもよいということです。
- 本書ではバターはすべて「食塩不使用」のものを使っています。
- 本書ではチョコレートは「製菓用チョコレート」を使っています。詳しくは93ページを参照してください。

Contents

このお菓子のイメージは、エア・イン・チョコ。
カサッと乾いた質感のように見えるけれど、
実際はホロッとしっとり、
ふんわり口溶ける空気のような
チョコレート菓子にしています。
味の輪郭はココアパウダーでキリッと形作るので、
使うチョコレートはビターオンリーだと
口の中でかたく、苦いだけの後味になります。
スイートをメインに、好みでミルクや、
ビターチョコレートを少し加えて
味わいに奥行きを出しても楽しいです。

ガトーショコラ クラシック

recipe → p.8-9

ガトーショコラ クラシック

材料 直径15cmの丸型（底取）・1台分

卵 … 2個
薄力粉 … 30g
ココアパウダー … 30g
チョコレート … 100g
生クリーム … 50g
バター … 25g
グラニュー糖A … 30g
塩 … ひとつまみ
グラニュー糖B … 50g

準備

- 型に型紙を敷いておく。
- 卵は卵黄と卵白に分け、卵白は冷蔵庫で冷やしておく。
- 薄力粉とココアパウダーは合わせてふるっておく。
- オーブンを180℃に予熱しておく。

型紙の敷き方

側面の帯は円周、高さとも少し余裕を持たせて大きめに切る。帯、底面の順で型に敷き込むと、帯が内側に倒れてこない。

作り方

1　ボウルにチョコレート、生クリーム、バターを入れ、湯せん（60～70℃）にかける。温めながら、泡立て器で混ぜてチョコレートを溶かす。溶けたら、湯せんから外す。（a）

2　別のボウルに卵黄を入れ、泡立て器でほぐす。グラニュー糖Aを加え、白くもったりするまですり混ぜる。（b）（c）

3　1に2を加え、泡立て器で混ぜる。（d）（e）

4　別のボウルに卵白、塩、グラニュー糖B 1/3量を入れる。ハンドミキサーの低速で卵白のコシを切り、高速に変えて泡立て始める。（f）

5　メレンゲがモコモコしてきたら、残りのグラニュー糖半量を加えて泡立て続ける。さらに残りのグラニュー糖すべてを加え、きめ細かですくってツノがお辞儀する程度のしなりのあるメレンゲにする。（g）

6　メレンゲ1/3量をチョコレートのボウルに加え、泡立て器で混ぜる。残り半量のメレンゲを加えて同様に混ぜる。ゴムベラに持ち替え、ふるった粉類を加えて混ぜる。混ざりきらないマーブル状になったら、残りのメレンゲすべてを加え、ツヤが出てくるまで20～30回混ぜる。（h）（i）（j）

7　型に生地を流し入れ、型ごと台に数回落とし、表面を平らにならす。（k）（l）（m）

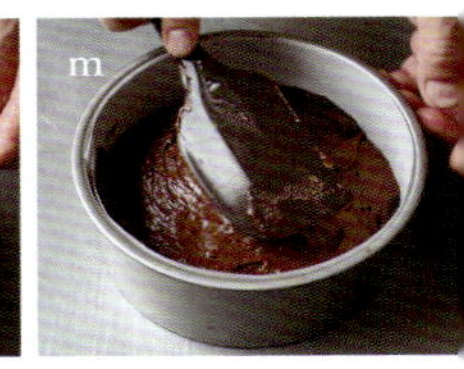

8　予熱しておいたオーブンに入れ、30～35分焼く。焼き上がったらすぐに型と型紙（帯）を外し、ケーキクーラーにのせて冷ます。（n）（o）

ガトー ショコラ フォンダン

どっしり重く焼いた生チョコのような
ガトーショコラ フォンダン。
ココアパウダーで苦みの輪郭は作っているけれど、
どちらかというと、チョコレートが
溶けて流れ出さないような役目を担い、
味はチョコレートが全面に現れます。
どっしり重いケーキになるので、
ミルク、スイートタイプのチョコレートのみで作ると、
少し甘ったるい後味に。
ミルク、スイートは口当たりの丸みを出す程度にして
ほぼビターで作ることをおすすめします。

材料　直径15cmの丸型（共底）・1台分

ココアパウダー … 25g
チョコレート … 140g
バター … 80g
ブランデー … 15g
卵 … 2個
卵黄 … 1個分
グラニュー糖 … 80g
はちみつ … 10g

準備

・型に型紙を敷いておく。
・ココアパウダーはふるっておく。
・オーブンを180℃に予熱しておく。

作り方

1　ボウルにチョコレート、バターを入れ、湯せん（60～70℃）にかける。温めながら、泡立て器で混ぜてチョコレートを溶かす。（a）

2　1を湯せんから外し、ココアパウダー、ブランデーを加え、ゆっくりしっかりと混ぜる。（b）

3　別のボウルに卵、卵黄を入れてハンドミキサーの低速で溶き、グラニュー糖、はちみつを加えてひと混ぜする。1の湯せんにかけながらハンドミキサーの高速で泡立て、人肌程度の温度に温める。（c）

4　3のボウルを湯せんから外し、ハンドミキサーの高速でリボン状になるまで4～5分泡立てる。さらに低速に変えてゆっくり回しながら1分ほど泡立て続け、きめを整える。（d）

5　1の溶かしたチョコレート1/3量を4のボウルに入れ、ゴムベラで一気に混ぜる。（e）（f）

6　今度はチョコレートのボウルに5をすべて入れて混ぜる。底から混ぜて卵の泡の筋が見えなくなったら、さらに50～60回混ぜ続け、生地にツヤを出す。（g）（h）

7　型に生地を流し入れ、型ごと台に数回落とし、表面をならす。予熱しておいたオーブンに入れ、20～25分焼く。全体が盛り上がり、表面が乾き割れ、揺らすと中央がふるふると揺れる状態まで焼く。

8　型ごとケーキクーラーにのせ、粗熱を取る。粗熱が取れたら、2～3時間冷蔵庫で冷やす。生地がしっかり冷えたら、型と型紙を外す。

Memo

焼き上がりの目安は中央がふるふると揺れること。またもうひとつの確認方法としては、竹串を刺したときに生地がついてくる感じ（プリン状態）であること。

a

e

b

f

c

g

d

h

蒸し焼きガトーショコラ

チョコレートにはコーヒーのイメージが強いけれど、
このガトーショコラには紅茶が合います。
焼き目がきつくつかないこともあり、
卵の力だけでかためているイメージです。
キリッとした鋭角な味わいというよりは、
やわらかく、丸い甘さのあるガトーショコラです。
ミルクチョコレートだけでも、
スイートだけでも、美味しく作れます。
また少量のビターをブレンドして
パンチを効かせても美味しいです。

材料 直径15cmのシャルロット型・1台分

卵 … 3個
薄力粉 … 30g
コーンスターチ（または片栗粉）… 10g
チョコレート … 150g
バター … 150g
グラニュー糖A … 60g
塩 … ひとつまみ
グラニュー糖B … 60g

準備

- 型にバター（分量外）を厚めに塗っておく。
- 卵は卵黄と卵白に分け、卵白は冷蔵庫で冷やしておく。
- 薄力粉とコーンスターチは合わせてふるっておく。
- オーブンを170℃に予熱しておく。

作り方

1 ボウルにチョコレート、バターを入れ、湯せん（60～70℃）にかける。温めながら、泡立て器で混ぜてチョコレートを溶かす。

2 別のボウルに卵黄、グラニュー糖Aを入れ、白くもったりするまですり混ぜる。

3 1のチョコレートのボウルに2を加え、泡立て器で混ぜる。

4 別のボウルに卵白を入れ、塩、グラニュー糖B 1/3量を入れる。ハンドミキサーの低速で卵白のコシを切り、高速に変えて泡立て始める。

5 メレンゲがモコモコしてきたら、残りのグラニュー糖半量を加えて泡立て続ける。さらに残りのグラニュー糖すべてを加え、きめ細かですくってツノがお辞儀する程度のしなりのあるメレンゲにする。

6 メレンゲ1/3量をチョコレートのボウルに加え、泡立て器で混ぜる。残り半量のメレンゲを加えて同様に混ぜる。ゴムベラに持ち替え、ふるった粉類を加えて混ぜ、混ざりきらないマーブル状になったら、残りのメレンゲすべてを加え、ツヤが出てくるまで20～30回混ぜる。型に生地を流し入れ、型ごと台に数回落として表面を平らにならす。

7 20cm以上の角バットの中にペーパータオルを敷く。6を置き、2～3cmの高さまで50～60℃の湯を注いで天板にのせる。

8 予熱しておいたオーブンに入れ、45～50分焼く。生地の表面が乾いて割れ目ができ、手で触ると弾力はあるが、竹串を刺したら生地がどろっとついてくる程度が焼き上がりの目安。

9 湯せんから外し、ケーキクーラーにのせて粗熱を取る。粗熱が取れたら、1～2時間冷蔵庫で冷やし、皿を当ててひっくり返して型から外す。

ガトーショコラ ナンシー

アーモンドパウダーをたっぷり使い、
ホロッとした生地の柱を作って
チョコレートにアーモンドの香りや味を合わせた
しっとりした生地タイプのガトーショコラです。
アーモンドのコクを生かしたいので、
このお菓子にはミルクチョコレートよりは、
ビター、スイートタイプを使うほうが
合うと思います。

材 料 直径14mのクグロフ型・1台分

バター … 70g
卵 … 2個
薄力粉 … 30g
チョコレート … 80g
アーモンドパウダー … 50g
塩 … ひとつまみ
グラニュー糖 … 50g
打ち粉（強力粉または薄力粉）… 適量

準 備

・型にバター（分量外）を薄く塗り、冷蔵庫で冷やしておく。
・バターは室温に戻しておく。
・卵は卵黄と卵白に分けておく。
・薄力粉はふるっておく。
・オーブンを160℃に予熱しておく。

Memo

・作り方1でチョコレートを人肌程度まで下げるのは、バターと混ぜる際にバターを溶かさないため。バターを溶かしてしまうと、油っぽい生地になってしまう。
・作り方3のメレンゲの泡立て方は、混ぜ合わせるベースが緩めの場合、または生地にしっとりとした質感を残したい場合に用いる。

作り方

1 ボウルにチョコレートを入れて湯せん（60～70℃）にかけて溶かす。溶けたら、湯せんから外して人肌程度の温度になるまで置いておく。

2 1にバターを加えて混ぜ、卵黄、アーモンドパウダーを加えてさらによく混ぜる。

3 別のボウルに卵白、塩、グラニュー糖を入れる。ハンドミキサーの低速で卵白のコシを切り、高速に変えてすくってもツノが立たず、細く垂れて重なるメレンゲにする。

4 メレンゲ1/3量を2のボウルに加え、泡立て器で混ぜる。残りのメレンゲ半量を加えて同様に混ぜる。ゴムベラに持ち替え、ふるった薄力粉を加えて混ぜる。混ざりきらないマーブル状になったら、残りのメレンゲすべてを加え、ツヤが出てくるまで20～30回混ぜる。

5 冷やしておいた型を冷蔵庫から取り出し、打ち粉をふる。型に生地を流し入れ、型ごと台に数回落として型のへりに生地を寄せる。

6 予熱しておいたオーブンに入れ、35～40分焼く。竹串を刺して生地がついてこなければ焼き上がり。すぐに逆さまにして型から外し、ケーキクーラーにのせて粗熱を取る。

りんごの
ガトーショコラ

りんごの酸味や香りを生かすため、
このガトーショコラには
ビターチョコレートのような
強い苦みを合わせるよりも、
甘いコクや、優しい風味が生きる
スイートやミルクタイプがおすすめです。

材料 直径15cmの丸型（底取）・1台分

バター … 85g
薄力粉 … 50g
コーンスターチ（または片栗粉）… 20g
ベーキングパウダー … 1g（小さじ1/4）
チョコレート … 85g
はちみつ … 5g
グラニュー糖 … 60g
卵 … 2個
りんごのマリネ
- りんご（中玉）… 1個
- グラニュー糖 … 大さじ2
- レモン汁 … 小さじ2

準備

- 型に型紙を敷いておく。
- バターは室温に戻しておく。
- 薄力粉、コーンスターチ、ベーキングパウダーは合わせてふるっておく。
- オーブンを170℃に予熱しておく。

作り方

1 りんごのマリネを作る。りんごは皮をむいて芯を取り除き、5mm厚さに切る。ボウルに入れ、グラニュー糖とレモン汁を加えて軽く混ぜ、30分ほど置く。出てきた水気はよくきっておく。

2 別のボウルにチョコレート、はちみつを入れ、湯せん（60～70℃）にかける。温めながら泡立て器で混ぜてチョコレートを溶かす。溶けたら、湯せんから外して人肌程度の温度になるまで置いておく。

3 2にバターを加え、泡立て器で混ぜる。さらにグラニュー糖を加え、ジャリジャリとした感触がなくなるまでよくすり混ぜる。

4 卵を1個ずつ加え、その都度よく混ぜて乳化させる。

5 ふるった粉類を加え、ゴムベラに持ち替えて粉気がなくなるまで混ぜる。

6 型に生地を流し入れ、型ごと台に数回落とす。表面を平らにならし、1のりんごのマリネを2～3枚ずつ重ねて放射状に並べる。

7 予熱しておいたオーブンに入れ、40～45分焼く。竹串を刺して生地がついてこなければ焼き上がり。すぐに型と型紙（帯）を外し、ケーキクーラーにのせて粗熱を取る。

ガトーショコラ フォンダン
fondant au chocolat
ガトーショコラ クラシック
Gâteau au chocolat classique

ガトーショコラ ナンシー
Gâteau au chocolat de Nancy
蒸し焼きガトーショコラ
Gâteau au chocolat au cuit-vapeur
りんごのガトーショコラ
Gâteau au chocolat et aux pommes

ザッハートルテ

recipe → p.22-23

ココアのアイシング、杏ジャム、
チョコレートのバターケーキ生地の構成で
ひとつのケーキが成り立っています。
その中でも、負けない味わいにするため、
キリッとした濃いチョコレートがよく合います。
コクの強いビターや、スイートタイプを選ぶと、
バランスのよいザッハートルテが作れると思います。

ザッハートルテ

材 料　直径15cmの丸型（共底）・1台分

バターケーキ生地
- バター … 50g
- 卵 … 2個
- 薄力粉 … 50g
- チョコレート … 50g
- グラニュー糖A … 20g
- 塩 … ひとつまみ
- グラニュー糖B … 40g

ココアアイシング
- 水 … 20g
- 粉砂糖 … 75g
- ココアパウダー … 15g

杏ジャム … 200g
ホイップクリーム … 適宜

準 備

- 型に型紙を敷いておく。
- バターは室温に戻しておく。
- 卵は卵黄と卵白に分け、卵白は冷蔵庫で冷やしておく。
- 薄力粉はふるっておく。
- オーブンを180℃に予熱しておく。

作り方

「バターケーキ生地を作る」

1　小さな耐熱容器にチョコレートを入れ、湯せん（60～70℃）にかける。チョコレートが溶けたら湯せんから外し、人肌程度の温度になるまで置いておく。

2　ボウルにバター、グラニュー糖Aを入れてすり混ぜる。1のチョコレートを加え、泡立て器でしっかり混ぜる。（a）（b）

a

b

3　別のボウルに卵白、塩、グラニュー糖B 1/3量を入れる。ハンドミキサーの低速で卵白のコシを切り、高速に変えて泡立て始める。メレンゲがモコモコしてきたら、残りのグラニュー糖半量を加えて泡立て続ける。さらに残りのグラニュー糖すべてを加え、きめ細かですくってツノがお辞儀する程度のしなりのあるメレンゲにする。

4　チョコレートのボウルに卵黄、メレンゲ半量を加え、ゴムベラで混ぜ合わせる。さらにふるった薄力粉を加えて混ぜる。粉気がなくなってきたら、残りのメレンゲすべてを加えて混ぜ、型に生地を流し入れる。表面をならし、生地の中央を凹ませる。

5　予熱しておいたオーブンに入れ、30～40分焼く。竹串を刺して生地がついてこなければ焼き上がり。すぐに逆さまにして型から外し、ケーキクーラーにのせて冷ます。

「ジャムをサンドする」

6 生地が冷めたら、型紙を外す。上下の焼き面、上面の角を削り、半分の高さで2等分に切る。

7 杏ジャムを2/3量ほど取り置き、残りを底面の断面に塗り、上面のスポンジを重ねてサンドする。取り置いたジャム、水大さじ1（分量外）を小鍋に入れ、中火にかける。沸騰させて1分ほど煮詰めてとろみがついたら、生地の表面全体に塗り広げる。ケーキクーラーにのせてそのまま30分ほど室温に置き、指先で触れてもつかなくなるまで乾かす。(c)

「ココアアイシングで仕上げる」

8 ボウルにココアアイシングの材料をすべて入れ、泡立て器で練り上げる。ツヤが出るまで、ボウルの底を弱火に直に30〜40秒当てる。ツヤが出てきたら一気にケーキにかけ、クランクナイフで手早く全体に塗り広げる。(d)(e)(f)(g)

9 粗熱が取れて表面が乾いたら、切り分け、好みでホイップクリームを添える。

Memo

溶かしたチョコレートは温度が高いので、人肌程度の温度まで置いてからバターと合わせること。

c

d

e

f

g

ホワイトチョコレートの NYチーズケーキ

ホワイトチョコレートは
甘さだけが特徴と思われがちですが、
実は、風味や味わいが違うものが
いくつもあります。
ただ風味が優しいので、
ほかの強い香りに紛れてしまいがちです。
このケーキは、クリームチーズだけの
優しい酸味に抑えたので、
ミルキーなホワイトチョコレートの
美味しさをより味わえます。

材料 直径15cmの丸型（底取）・1台分

クリームチーズ … 300g
薄力粉 … 小さじ1/2
コーンスターチ（または片栗粉）… 小さじ1/3
ホワイトチョコレート … 120g
生クリーム … 50g
グラニュー糖 … 30g
卵 … 2個
ココアタルト生地（p.52参照）＊ … 120g

＊バニラクリームを挟んだチョコレートクッキー8個をクリームごと砕いて型に敷き込んでもよい。この場合は下焼きしなくてよい。

準備

- 型に型紙を敷き、アルミホイルで底全体を覆っておく。
- クリームチーズは室温に戻しておく。
- 薄力粉とコーンスターチは合わせてふるっておく。
- 焼くタイミングに合わせ、オーブンを予熱しておく。

作り方

1 ココアタルト生地は厚さ3mm、直径15cmの円形に麺棒でのばす。型を当て、ナイフで切り取る。オーブン用シートを敷いた天板にのせ、フォークの先で全体に穴を開ける。170℃に予熱しておいたオーブンに入れ、15分ほど焼く。焼けたら天板ごとケーキクーラーにのせて粗熱を取り、型に敷き込んでおく。生地は割れても構わない。

2 ボウルにホワイトチョコレート、生クリームを入れ、湯せん（60〜70℃）にかける。チョコレートが溶けたら、クリームチーズを加えて泡立て器でなめらかになるまで混ぜる。

3 グラニュー糖、卵を加えてさらによく混ぜ、ふるった粉類を加え、粉気がなくなるまで泡立て器でゆっくり混ぜる。

4 生地をザルで漉し、気泡や、カラザなどを取り除き、型に流し入れる。(a)(b)

5 天板に20cm以上の角バットなどを置き、その中にペーパータオルを敷く。4を置き、型の高さ1/3あたりまで50〜60℃の湯を注ぐ。

6 180℃に予熱しておいたオーブンに入れる。表面にうっすら焼き色がつくまで20分ほど焼き、さらに160℃に温度を下げて30分ほど焼く。

7 湯せんから外し、型ごとケーキクーラーにのせて粗熱を取る。粗熱が取れたら、そのまま冷蔵庫で3時間以上冷やし、味を馴染ませてから型と型紙を外す。

a

b

材料　直径15cmの丸型（底取）・1台分

クリームチーズ … 100g
卵 … 2個
薄力粉 … 10g
コーンスターチ（または片栗粉）… 5g
チョコレート … 50g
バター … 10g
生クリーム … 100g
グラニュー糖 … 45g
スポンジ生地（市販品）… 1cm厚さ1枚
ドライクランベリー … 30g

準備

- 型に型紙を敷き、アルミホイルで底全体を覆っておく。
- クリームチーズは室温に戻しておく。
- 卵は卵黄と卵白に分けておく。
- 薄力粉とコーンスターチは合わせてふるっておく。
- オーブンを200℃に予熱しておく。

作り方

1　ボウルにチョコレート、バターを入れ、湯せん（60～70℃）にかけて溶かす。小鍋に生クリームを入れて中火にかけ、沸騰寸前で火を止める。

2　別のボウルにクリームチーズ、ふるった粉類を入れ、ゴムベラで混ぜる。熱々の生クリームを加え、泡立て器に持ち替えてなめらかになるまで混ぜる。(a)(b)(c)

3　卵黄を加えて混ぜ、1の溶かしたチョコレートを加えてさらに混ぜる。

4　ザルで漉し、気泡や、カラザなどを取り除く。(d)

5　別のボウルに卵白、グラニュー糖を入れ、ハンドミキサーの低速で卵白のコシを切り、高速に変えてきめ細かですくってもツノが立たず、細く垂れて重なるメレンゲにする。

6　4のチョコレートのボウルにメレンゲを3回に分けて加え、泡立て器でその都度メレンゲが見えなくなるまで混ぜる。すべてのメレンゲを加えて混ぜたら、最後にゴムベラに持ち替え、全体を10回ほど混ぜ、生地の混ざり具合を均一に整える。

7　型にスポンジ生地を敷き込む。上にドライクランベリーを散らし、6を流し入れる。

8　天板に20cm以上の角バットなどを置き、その中にペーパータオルを敷く。生地の入った型を置き、型の高さ1/3あたりまで50～60℃の湯を注ぐ。

9　予熱して置いたオーブンに入れる。20分ほどかけて生地表面に焼き色をつけ、さらに170℃に温度を下げ、30分ほどじっくり焼く。途中表面が突っ張って、裂けそうになったら、一度オーブンのスイッチを切ったり、温度設定を下げたりし、熱風が生地表面に当たるのを和らげる。途中からアルミホイルを被せて焼いてもよい。

10　焼き色がつき、揺らしても中心が揺れなくなったら焼き上がり。湯せんから外し、型ごとケーキクーラーにのせて粗熱を取る。粗熱が取れたら、そのまま冷蔵庫で6時間以上冷やし、味を馴染ませてから型と型紙を外す。

Memo

- スポンジ生地はサイズが足りなければ、手でちぎって敷き詰めてもよい。
- ケーキは数時間冷やしただけでは、味が落ち着かない。6時間以上、もしくはひと晩冷やしたほうが美味しい。

a

b

c

d

簡単に作れるスフレの生地のレシピです。
ふわふわしゅわしゅわの
スフレの食感には、個性のはっきりした
ビターな味わいのチョコレートは合いません。
そのため、ミルクのみで作っています。
フルーティーな味を謳っている
スイートチョコレートで作っても美味しいです。

ミルクチョコレートの
スフレチーズケーキ

ミルクチョコレートのスフレチーズケーキ
Chocolate Souffle Cheesecake

ホワイトチョコレートの NY チーズケーキ
White Chocolate New York Cheesecake

チョコレートサンドの
ビスキュイショコラ

recipe → p.32-33

このお菓子は、ビスキュイ生地とクリーム、
それぞれの食感と味わいの対比を楽しむことができます。
カサッと乾いた歯切れのよいココアの生地に
まったりとした味の強いチョコレートカスタード、
そして、生クリームの三層。
チョコレートはスイートやビタータイプが合うと思います。
フルーツをサンドするのも美味しいです。
その際はミルクで丸みを出すと、味がまとまります。

チョコレートサンドの
ビスキュイショコラ

材料 直径15cm・1個分

ビスキュイ生地
- 卵 … 2個
- 薄力粉 … 45g
- ココアパウダー … 10g
- グラニュー糖A … 20g
- グラニュー糖B … 40g
- 粉砂糖 … 適量
- 強力粉（または薄力粉）… 適量

チョコレートカスタードクリーム
- 牛乳 … 200g
- 卵黄 … 2個分
- グラニュー糖 … 100g
- 薄力粉 … 10g
- チョコレート … 35g

ホイップクリーム
- 生クリーム … 100g
- グラニュー糖 … 小さじ1

準備

- 天板にオーブン用シートを敷いておく。
- 卵は卵黄と卵白に分け、卵白は冷蔵庫で冷やしておく。
- 薄力粉とココアパウダーは合わせてふるっておく。
- オーブンを180℃に予熱しておく。

作り方

「ビスキュイ生地を作る」

1 ボウルに卵黄、グラニュー糖Aを入れ、泡立て器で白くもったりするまですり混ぜる。

2 別のボウルに卵白、グラニュー糖B 1/3量を入れる。ハンドミキサーの低速で卵白のコシを切り、高速に変えて泡立て始める。メレンゲがモコモコしてきたら、残りのグラニュー糖半量を加えて泡立て続ける。さらに残りのグラニュー糖すべてを加え、ツノがピンと立つメレンゲにする。(a)

3 卵黄のボウルにメレンゲ半量を入れ、泡立て器で混ぜる。これをメレンゲのボウルに入れ、泡立て器で混ぜる。(b)(c)

4 ふるった粉類を加え、ゴムベラに持ち替えて粉気がなくなるまで混ぜる。(d)

5 天板に4を直径14〜15cmのドーム状に盛り、粉砂糖を全体にふる。粉砂糖が溶けるのを30秒ほど待ち、同様に強力粉もふり、包丁で格子状に模様をつける。(e)

6 予熱しておいたオーブンに入れ、20〜23分焼く。裂けて開いた生地が乾いて焼き色が薄くつく程度まで焼き上げたら、ケーキクーラーにのせて冷ます。

「チョコレートカスタードクリームを作る」

7 小鍋に牛乳を入れ、油膜ができないように分量のグラニュー糖のうち小さじ2ほど加え、中火にかけて沸騰直前で火を止める。

8 ボウルに卵黄、残りのグラニュー糖を入れて泡立て器で白っぽくなるまですり混ぜる。薄力粉をふるい入れて混ぜ、粉気がなくなったら温めた牛乳を加えてすぐに混ぜ、ザルで漉しながら鍋に戻し入れる。

a

b

c

d

e

9　鍋を中火にかけ、泡立て器で混ぜ続けながらクリームを炊く。沸騰し、全体がブリッとかたまるまで泡立て器でかき混ぜ続ける。なめらかになったら、弱火にし、さらに1～2分混ぜ続ける。すくうと、さらっとしたのり状になってきたら火を止め、チョコレートを加え、余熱で溶かしながら混ぜる。(f)(g)

10　すぐに角バットなどに移し、ぴったりとラップで覆い、その上に保冷剤などを置いて急冷する。(h)

f

g

h

「クリームをサンドする」

11　ビスキュイ生地を半分の高さで2等分に切る。ボウルにホイップクリームの材料を入れ、氷水に当てながら8分立てに泡立てる。

12　ボウルにチョコレートカスタードクリームを入れる。ゴムベラで混ぜてコシを切り、底面の断面にのせて広げる。ホイップクリームもその上に重ね、上面の生地を重ねてサンドする。(i)

i

Memo

- ビスキュイ生地の作り方3で卵黄のボウルにメレンゲ半量を入れるのは、メレンゲと卵黄のかたさを揃え、メレンゲの泡を消さずに混ぜ合わせるため。
- 生地にふった粉砂糖は溶けると、糖衣ができてカリッと焼き上がる。また強力粉をふることで、パンのような風合いが生まれる。
- チョコレートカスタードクリームは冷えるとかたまるので、使う際はボウルに入れて混ぜてコシを切ってから使う。

甘酸っぱいチェリーには、
コクの強いタイプの
スイートチョコレートがよく合います。
フォレノワールに限らず、
フルーツ自体に酸味がある場合は、
合わせるチョコレートは反対に
酸味の強くないものがよいでしょう。

フォレノワール

recipe → p.36-37

フォレノワール

材料　直径15cmの丸型（共底）・1台分

スポンジ生地
- 薄力粉 … 50g
- ココアパウダー … 10g
- バター … 20g
- 卵 … 2個
- グラニュー糖 … 70g
- はちみつ … 15g
- アーモンドパウダー … 20g

チョコレートホイップクリーム
- チョコレート … 50g
- 牛乳 … 50g
- 生クリーム … 200g

シロップ
- グラニュー糖 … 小さじ2
- 水 … 30g
- キルシュ酒 … 小さじ2

アメリカンチェリー … 30粒
板チョコレート … 1～2枚

準備

- 型に型紙を敷いておく。
- 薄力粉とココアパウダーは合わせてふるっておく。
- シロップの材料を混ぜておく。
- アメリカンチェリーはトップに飾る数を取り分け、チェリーストレーナーで種を取り除いておく。ストレーナーがない場合は半分に切って除いてもよい。（a）（b）
- 板チョコレートは室温に置いておく。
- オーブンを170℃に予熱しておく。

a

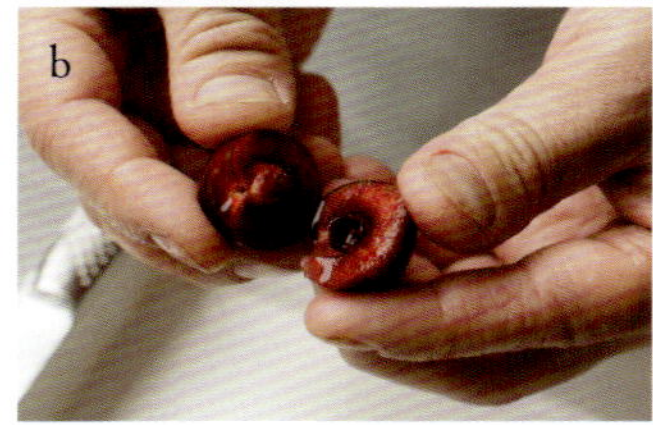
b

作り方

「スポンジ生地を作る」

1. 小さな耐熱容器にバターを入れ、湯せん（60～70℃）にかけて溶かす。ボウルに卵、グラニュー糖、はちみつを入れてさっと混ぜる。同じ湯せんに当てて人肌程度の温度まで温めたら外し、ハンドミキサーの高速でリボン状になるまで泡立てる。（c）
2. ふるった粉類、アーモンドパウダーを加える。ゴムベラに持ち替えて混ぜ、粉気がなくなったら、溶かしたバターを加え、さらに15回ほど混ぜて生地にツヤを出す。（d）（e）
3. 型に生地を流し入れ、型ごと台に数回落とし、表面を平らにならす。
4. 予熱しておいたオーブンに入れ、25～28分焼く。竹串を刺して生地がついてこなければ焼き上がり。すぐに逆さまにして型から外し、ケーキクーラーにのせて冷ます。生地が冷めたら型紙を外す。

c

d

e

「チョコレートホイップクリームを作る」

5　ボウルにチョコレート、牛乳を入れて湯せん（60～70℃）にかける。チョコレートが溶けたら、湯せんから外し、粗熱が取れるまで置いておく。

6　粗熱が取れたら生クリームを加え、氷水に当てながらハンドミキサーで8分立てに泡立てる。(f)

「ホイップクリームとチェリーをサンドする」

7　スポンジ生地を1cm厚さに3枚に切る。

8　スポンジ1枚にシロップを刷毛で薄く塗る。ホイップクリーム1/3量を塗り広げ、その上にアメリカンチェリー12粒をのせ、ホイップクリーム適量をのせる。(g) (h) (i)

9　2枚目のスポンジの片面にシロップを塗り、その面を下にして重ねる。上の面にもシロップを塗り、ホイップクリーム、チェリーを同様にのせ、3枚めの生地も同様に重ねてシロップを塗り、残りのホイップクリームを上面に塗り広げる。

10　板チョコレートをスプーンで削り、飾り用チョコレートを作る。ケーキにあしらい、飾り用に取り分けておいたアメリカンチェリーを飾る。(j)

Memo

チョコレートホイップクリームは、牛乳が入っているので通常のホイップクリームよりも泡立ちにくくなるが、ふんわりした食感を楽しめる。

アメリカン
チョコレートケーキ

混ぜて焼くだけの塩気の効いた生地に、
ジャムとチョコレート味のバター生クリームを重ねます。
使うチョコレートは優しいミルクよりも
苦みやコクがある、強いビターやスイートを選ぶと
「ザ・アメリカン」という味わいになります。

材料 直径15cmの丸型(底取)・1台分

バターケーキ生地
- バター … 80g
- 薄力粉 … 60g
- ベーキングパウダー … 小さじ1
- 重曹 … 小さじ1/3
- シナモンパウダー … 小さじ1/2
- チョコレート … 80g
- グラニュー糖 … 80g
- 塩 … ふたつまみ
- 卵 … 2個
- アーモンドパウダー … 20g

バター生クリーム
- バター … 30g
- 生クリーム… 150g
- チョコレート … 150g

ブルーベリージャム … 50g

準備

- 型に型紙を敷いておく。
- バターケーキ生地、バター生クリームのバターは室温に戻しておく。
- 薄力粉、ベーキングパウダー、重曹、シナモンパウダーは合わせてふるっておく。
- オーブンを170℃に予熱しておく。

作り方

「バターケーキ生地を作る」

1 ボウルにチョコレート、バターを入れて湯せん(60～70℃)にかける。温めながら、泡立て器で混ぜてチョコレートを溶かす。

2 湯せんから外し、グラニュー糖、塩、卵を順に加え、その都度よく混ぜる。

3 ふるった粉類、アーモンドパウダーを加える。ゴムベラに持ち替え、粉気がなくなるまで混ぜる。型に生地を流し入れ、型ごと台に数回落とし、表面を平らにならして生地の中央を凹ませる。

4 予熱しておいたオーブンに入れ、35～38分焼く。竹串を刺して生地がついてこなければ焼き上がり。すぐに型と型紙(帯)を外し、ケーキクーラーにのせて冷ます。

「ジャムをサンドする」

5 生地を半分の高さで2等分に切る。底面の生地の断面にブルーベリージャムを端を残して塗り広げ、上面の生地を重ねてサンドする。(a)

「バター生クリームを作る」

6 ボウルに生クリーム、チョコレートを入れ、湯せん(60～70℃)にかける。温めながら、泡立て器で混ぜる。チョコレートが溶けたら、湯せんから外し、粗熱が取れるまで置いておく。

7 バターを加えて混ぜ、氷水に当てながらハンドミキサーですくってもすぐに落ちない程度のかたさになるまで泡立てる。そのかたさになったら、すぐに氷水から外す。(b)(c)(d)

「バター生クリームで仕上げる」

8 バター生クリーム1/2量を5のケーキにのせ、塗り広げながら、落ちたクリームを側面に塗る。さらに残りのクリームものせ、全体の表面をきれいに整える。仕上げに大きめのスプーンの背でピンピンとツノ模様を全体につけ、冷蔵庫で2～3時間冷やし、味を馴染ませる。(e)(f)

Memo

- バター生クリームはすくっても落ちないかたさになったら、すぐに氷水から外す。そのままにしておくと、チョコレートがかたまって分離してしまうので注意する。
- ジャムはブルーベリーのほか、杏、ラズベリーなど、甘酸っぱいタイプが合う。
- バター生クリームで使う生クリームは好みのものでよいが、バターを入れるので、35%程度の乳脂肪生クリームだと、さっぱりした味わいで美味しい。

a

b

c

d

e

f

ブラウニー

重く、甘いイメージのブラウニーを
口当たり軽く、サクッホロッとした、
大人味の質感の生地にしました。
ベーキングパウダーを入れず、
卵の泡の力で生地を持ち上げるので、
後味に特有の香りが残らず、
副材料や、チョコレートの香りを最後まで楽しめます。
フルーツの味に合わせ、キリッとした輪郭のビター、
もしくは、スイートチョコレートがおすすめ。
ナッツ類のみで作るなら、
まったり味のスイートでも美味しいです。

材料 直径18cmの角型・1台分

薄力粉 … 30g
コーンスターチ（または片栗粉）… 10g
チョコレート … 150g
バター … 50g
牛乳 … 30g
卵 … 2個
グラニュー糖 … 50g
アーモンドパウダー（または片栗粉）… 20g
オレンジコンフィ… 20g
（またはオレンジマーマレード15g）
ラムレーズン … 60g
くるみ … 50g
ラム酒 … 大さじ1

準備

・型に型紙を敷いておく。
・薄力粉、コーンスターチは合わせてふるっておく。
・オレンジコンフィは大きいようであれば、刻んでおく。
・オーブンを180℃に予熱しておく。

作り方

1 ボウルにチョコレート、バター、牛乳を入れて湯せん（60～70℃）にかける。温めながら、泡立て器で混ぜてチョコレートを溶かし、溶けたら湯せんから外す。

2 別のボウルに卵、グラニュー糖を入れる。湯せんにかけ、ハンドミキサーの低速で軽く混ぜる。高速に変えてリボン状になるまで泡立てたら、湯せんから外し、低速に変えて1～2分ゆっくり混ぜてきめを整える。ゴムベラに持ち替えて1のチョコレートを加えて混ぜる。

3 ふるった粉類、アーモンドパウダーを加え、粉気がなくなるまで混ぜる。

4 オレンジコンフィ、ラムレーズン、くるみを加え、ゴムベラに持ち替えてさっくりと混ぜる。型に生地を流し入れ、型ごと台に数回落とし、表面を平らにならす。

5 予熱しておいたオーブンに入れ、25～28分焼く。竹串を刺して生地がついてこなければ焼き上がり。型ごとケーキクーラーにのせ、熱いうちに刷毛でラム酒を表面に塗り、粗熱を取る。

6 粗熱が取れたら、型紙ごと引っ張って型から外し、好みの大きさに切り分ける。

ロールケーキはクリームがやわらかいと、
「の」の字には巻けず、
かまぼこのようなつぶれた
形になってしまいます。
クリームにカカオ成分が入ると、
程よいかたさが生まれ、
クリームの柱となって
形を支えてくれます。
美しい「の」の字をキープできるのも、
チョコレートならではの効果です。

ビスキュイのロールケーキ

recipe → p.45

ココアとガナッシュのロールケーキ

recipe → p.44

ビスキュイ生地のカリッとした食感には
ホワイトチョコレートの優しい、
ミルキーな味が合います。
ビターのチョコレートの風味を
入れたいときは少量にし、
グラニュー糖で甘さを補強してあげると、
バランスよく仕上がります。

ココアとガナッシュのロールケーキ

材料 25cm長さ・1本分
＊28cm角の天板を使用。

スポンジ生地
- 薄力粉 … 40g
- ココアパウダー … 15g
- 牛乳 … 30g
- バター10g
- 卵 … 3個
- グラニュー糖 … 80g
- はちみつ … 10g

ガナッシュバタークリーム
- 生クリーム … 120g
- チョコレート … 60g
- バター … 30g

準備

- 天板に型紙を敷いておく。
- 薄力粉、ココアパウダーは合わせてふるっておく。
- オーブンを190℃に予熱しておく。

型紙の敷き方

オーブン用シートを天板よりもやや大きめに切り、四隅に斜めの切り込みを入れる。

Memo

- 生地は高めの温度で短時間で焼くことで、気泡をつぶさずに、ふんわりと高さのある生地に焼き上げられる。
- ガナッシュバタークリームはすくっても落ちないかたさになったら、すぐに氷水から外す。そのままにしておくと、チョコレートがかたまって分離してしまうので注意する。

作り方

「スポンジ生地を作る」

1 小さな耐熱容器に牛乳、バターを入れ、湯せん（60～70℃）にかける。バターが溶けたら、湯せんから外す。

2 ボウルに卵を入れ、ハンドミキサーの低速で溶く。グラニュー糖、はちみつを加えてひと混ぜし、1の湯せんにかけながらハンドミキサーの高速で泡立て、人肌程度の温度に温める。

3 2のボウルを湯せんから外し、ハンドミキサーの高速でリボン状になるまで4～5分泡立てる。さらに低速に変え、1分ほど泡立て続け、きめを整える。(a)

4 ふるった粉類を加え、ゴムベラに持ち替えて粉気がなくなるまで混ぜる。1を加え、牛乳とバターの筋が見えなくなり、ツヤが出てくるまで15～20回混ぜる。(b)

5 型紙を敷いた天板に流し入れ、カードやパレットナイフで、生地を天板全体に広げる。(c)

6 天板ごと台に数回落として表面をならし、予熱しておいたオーブンに入れて10～12分焼く。焼けたら天板を外してケーキクーラーにのせて冷まし、型紙を外す。

「ガナッシュバタークリームを作る」

7 ボウルに生クリーム、チョコレートを入れ、湯せん（60～70℃）にかける。温めながら、泡立て器で混ぜてチョコレートを溶かす。溶けたら、湯せんから外し、室温において粗熱を取り、バターを加えてそのまま置く（冷蔵庫に入れないこと）。

8 粗熱が取れたら、ボウルを氷水に当て、ハンドミキサーの高速で7分立てに泡立てる。泡立ったら、すぐに氷水からボウルを外す。(d)

「生地でクリームを巻く」

9 オーブン用シートを大きめに切って台にのせ、冷ました生地を焼き面を下にして置く。その上に8のクリームを巻き始めが厚めに、巻き終わりが薄めになるように塗り広げる。(e)

10 オーブン用シートごと巻き始めの生地を持ち上げて芯にし、くるりと「の」の字に巻き上げる。巻きが緩かったら、オーブン用シートに定規や、菜箸などを当て、下の紙を引っ張り、きつめに締める。(f)(g)

11 巻いたオーブン用シートの上からラップで巻き、巻き終わりを下にして冷蔵庫で1～2時間冷やし、クリームと生地を馴染ませる。

a

b

c

d

e

f

g

ビスキュイのロールケーキ

材料 25cm長さ・1本分
＊28cm角の天板を使用。

ビスキュイ生地
- 卵 … 3個
- 薄力粉 … 60g
- グラニュー糖A … 20g
- グラニュー糖B … 60g
- 粉砂糖 … 適量

ホワイトチョコクリーム
- 生クリーム … 200g
- ホワイトチョコレート … 60g

準備

- 天板に型紙を敷いておく。
- 卵は卵黄と卵白に分け、卵白は冷蔵庫で冷やしておく。
- 薄力粉はふるっておく。
- オーブンを190℃に予熱しておく。

作り方

「ビスキュイ生地を作る」

1 ボウルに卵黄、グラニュー糖Aを入れ、泡立て器で白くもったりするまですり混ぜる。

2 別のボウルに卵白、グラニュー糖B 1/3量を入れる。ハンドミキサーの低速で卵白のコシを切り、高速に変えて泡立て始める。メレンゲがモコモコしてきたら、残りのグラニュー糖半量を加えて泡立て続ける。さらに残りのグラニュー糖すべてを加え、ツノがピンと立つメレンゲにする。

3 1にメレンゲを3回に分けて加え、その都度泡立て器で混ぜる。(a)

4 ふるった薄力粉を一気に加え、ゴムベラに持ち替えて粉気がなくなるまで混ぜる。(b)(c)

5 4の生地を1cmの丸口金の絞り袋に入れる。天板に角から斜めに絞り出す。残った生地は周りに絞り、粉砂糖を全体にふるう。30秒ほど待ち、再度同様にふるう。(d)(e)(f)

6 予熱しておいたオーブンに入れ、10～12分焼く。生地が乾いて焼き色が薄くついてきたら焼き上がり。天板を外してケーキクーラーにのせて冷まし、型紙を外す。(g)

「ホワイトチョコクリームを作る」

7 ボウルに生クリーム、ホワイトチョコレートを入れ、湯せん(60～70℃)にかける。温めながら、泡立て器で混ぜてチョコレートを溶かす。溶けたら、湯せんから外し、室温に置いて粗熱を取る。

8 粗熱が取れたら、ボウルを氷水に当て、ハンドミキサーの高速で7～8分立てに泡立てる。泡立ったら、すぐに氷水からボウルを外す。

「生地でクリームを巻く」

9 オーブン用シートを大きめに切って台にのせ、冷ました生地を焼き面を下にして置く。その上に8のクリームを巻き始めが厚めに、巻き終わりが薄めになるように塗り広げる。

10 オーブン用シートごと巻き始めの生地を持ち上げて芯にし、くるりと「の」の字に巻き上げる。その際は生地が滑りやすいので、巻き終わりのオーブン用シートを縦に持ち上げながら巻く。巻きが緩かったら、オーブン用シートに定規や、菜箸などを当て、下の紙を引っ張り、きつめに締める。(h)

11 巻いたオーブン用シートの上からラップで巻き、巻き終わりを下にして冷蔵庫で1～2時間冷やし、クリームと生地を馴染ませる。

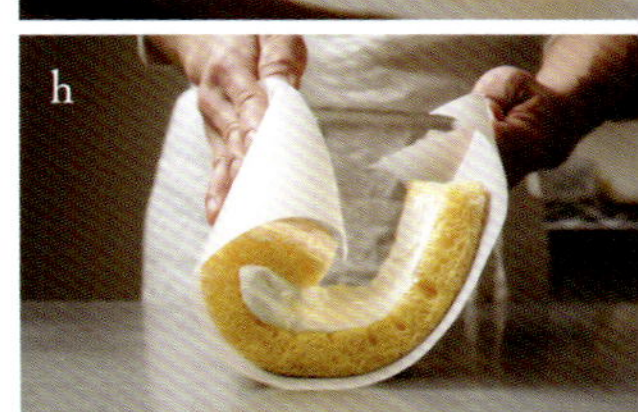

ココアパウダーを入れるシフォンケーキは数あれど、
チョコレートを溶かしてふわふわなケーキにするのは、
シフォン経験者でもなかなか難しいです。
それはシフォンケーキの材料の油脂を
チョコレートで置き換える場合、
チョコレートは冷えるとかたまるので、
安易に置き換えただけではケーキがかたくなったり、
膨らまず、しぼんだシフォンケーキになってしまうからです。
そのため、少量でしっかりとした味を出すには
スイートやビタータイプのチョコレートを使い、
チョコレートが生きる味にします。

チョコレートのシフォンケーキ

recipe → p.48 - 49

チョコレートの
シフォンケーキ

材料 直径17cmのシフォンケーキ型・1台分

卵 … 3個
薄力粉 … 35g
ココアパウダー … 15g
ベーキングパウダー … 1g（小さじ1/4）
チョコレート … 35g
無調整豆乳 … 50g（または水40g）
ラム酒 … 小さじ2
きび砂糖 … 20g
グラニュー糖 … 60g

準備

- 卵は卵黄と卵白に分け、卵白は冷蔵庫で冷やしておく。
- 薄力粉、ココアパウダー、ベーキングパウダーは合わせてふるっておく。
- オーブンを170℃に予熱しておく。

作り方

1 ボウルにチョコレート、無調整豆乳、ラム酒を入れて湯せん（60～70℃）にかける。温めながら、泡立て器で混ぜてチョコレートを溶かす。溶けたら湯せんから外す。

2 別のボウルに卵黄、きび砂糖を入れ、泡立て器で混ぜる。

3 溶かしたチョコレート、ふるった粉類を順に加えてその都度混ぜ、ツヤが出るまで混ぜる。(a)(b)(c)

a

b

c

4　別のボウルに卵白、グラニュー糖1/3量を入れる。ハンドミキサーの低速で卵白のコシを切り、高速に変えて泡立て始める。メレンゲがモコモコしてきたら、残りのグラニュー糖半量を加えて泡立て続ける。さらに残りのグラニュー糖すべてを加えて泡立て続け、きめ細かですくってツノがお辞儀する程度のしなりのあるメレンゲにする。(d)(e)

5　3の生地のボウルにメレンゲをひとすくい入れて混ぜる。(f)

6　今度はメレンゲのボウルに5をすべて入れ、ゴムベラに持ち変えて手早くメレンゲとチョコレートの生地を混ぜる。(g)

7　型を回しながら、低い位置から生地を流し入れ、型ごと台に数回落として気泡を抜き、ゴムベラで型のへりに生地を寄せる。(h)(i)

8　予熱しておいたオーブンに入れ、30〜35分焼く。焼き上がったらすぐに逆さまにしてケーキクーラーにのせ、冷ます。

9　冷めたら型の内側にナイフを沿わせ、生地を外し、好みの大きさに切る。

Memo

・作り方5で生地のボウルにメレンゲをひとすくい入れるのは、メレンゲと生地のかたさを揃え、メレンゲの泡を消さずに混ぜやすくするため。

・型に生地を流し入れる際は、型を回しながら低い位置から入れることで、大きな気泡ができないようにする。

・メレンゲ作りが苦手な場合は、卵白を冷凍庫で半凍りになる程度までしっかり冷やしてから泡立てると、きめの揃ったメレンゲになる。

d

e

f

g

h

i

タルト生地はココアでしっかりと苦みを出しています。
ガナッシュクリームに使うチョコレートは、ビタータイプより、
甘くて味に丸みのあるスイートやミルクが生地と調和し、
味に奥行きが出ておすすめです。
また、香りや酸味を謳ったチョコレートも合います。

チョコレートタルト

recipe → p.52-53

チョコレートタルト

材 料　直径15cmのタルト型

ココアタルト生地（2台分）

- バター … 80g
- 薄力粉 … 100g
- ココアパウダー … 20g
- グラニュー糖 … 30g
- 塩 … ひとつまみ
- 溶き卵 … 約1/2個分（25g）
- アーモンドパウダー … 30g

ガナッシュクリーム（1台分）

- チョコレート … 90g
- バター … 30g
- 生クリーム … 100g
- メープルシロップ（あれば）… 10g

準 備

・生地のバターは室温に戻しておく。
・薄力粉とココアパウダーは合わせてふるっておく。
・オーブンを170℃に予熱しておく。

作り方

「ココアタルト生地を作る」

1　ボウルにバター、グラニュー糖、塩を入れ、ゴムベラで練り混ぜる。溶き卵、アーモンドパウダーを加えてさらに混ぜ、ふるった粉類も加えて粉気がなくなるまで混ぜる。(a)(b)

2　さらにボウルの側面に生地を押しつけ、生地のかたさを均一にする。指で触ってもベタつかなくなったら生地を2等分にし、それぞれをラップでぴったり包んで冷蔵庫で1～2時間休ませる。(c)(d)(e)

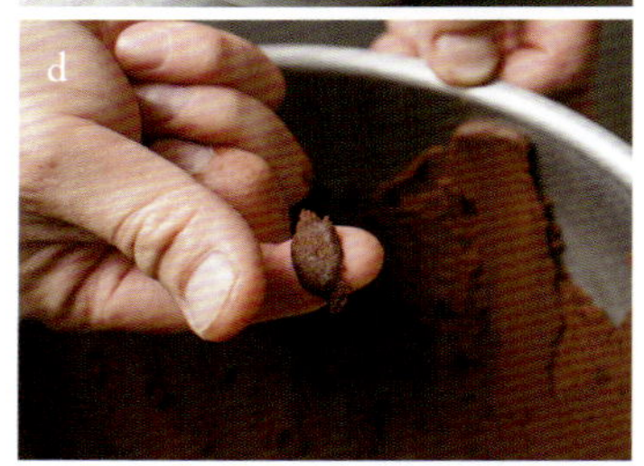

「型に生地を敷き込み、焼く」

3 1台分のタルト生地を麺棒で3mm厚さにのばし、型に敷き込む。型からはみ出た生地は麺棒を転がして切り落とす。麺棒は斜めに当て、縁に立ち上がりをつけると、きれいに仕上がる。型の角や隅に、指の腹を使って生地を押し込む。(f)(g)(h)

4 タルト生地全体にフォークの先で穴を開ける。その上にアルミホイルを敷き、小豆などで重石をする。(i)(j)

5 予熱しておいたオーブンに入れる。15～18分焼き、一度取り出して重石をアルミホイルごと取り除く。

6 再びオーブンに入れて3～4分よく乾かすように焼き、ケーキクーラーにのせて冷ます。

「ガナッシュクリームを作る」

7 ボウルにチョコレート、バターを入れる。小鍋に生クリームを入れて中火にかけ、沸騰直前で火を止めてチョコレートのボウルに加える。泡立て器でゆっくり混ぜながらチョコレートを余熱で溶かし、粗熱を取る。メープルシロップを加えて混ぜ、冷蔵庫でタルト生地に入れられる温度になるまで30分ほど冷やす。

「タルト生地にクリームを流し入れる」

8 タルト生地にガナッシュクリームを流し入れ、表面をならす。冷蔵庫で1～2時間冷やし、クリームが冷えてかたまったら型から外す。

Memo

- 残った生地はラップで包んだ状態で、冷凍庫で1か月ほど保存できる。使用する際は、冷蔵庫で解凍する。
- 重石に使った小豆は黒く炭化するまで何度でも使える。古くなって使いきれなくなった大豆でも。

f

g

h

i

j

ココアパウダーを使って黒いパイ生地を作るコツは、
ココアパウダーは小麦粉よりも
パサついた食感になるので、
小麦粉だけの生地よりも水分や、
バターを多めにすることです。
また生地が黒いので、
焼き上がりの目安がつきにくいため
焼き過ぎにも注意が必要です。
生地にココアの風味がつくので、
包むクリームや副材料は、
しっかり甘みの強いものがよく合います。

チョコレートマロンパイ

recipe → p.56 – 57

チョコレートマロンパイ

材料 直径15cm・1個分

ココアの即席パイ生地
- 強力粉 … 50g
- 薄力粉 … 20g
- ココアパウダー … 15g
- 塩 … 2g（小さじ1/3）
- グラニュー糖 … ひとつまみ
- バター … 90g
- 冷水 … 55〜60g

アーモンドクリーム
- バター … 30g
- グラニュー糖 … 30g
- アーモンドパウダー … 30g
- 溶き卵 … 約1/2個分（25g）
- 薄力粉 … 小さじ1

シロップ
- グラニュー糖 … 40g
- 湯 … 30g

栗の渋皮煮（市販品）… 4粒
溶き卵（塗り用）、打ち粉
（強力粉または薄力粉）… 各適量

準備

- 生地の強力粉、薄力粉、ココアパウダーは合わせてボウルにふるい入れ、塩、グラニュー糖を加えて混ぜ、冷蔵庫で30分ほど冷やしておく。
- 生地のバターは2〜3cm角に切り、冷蔵庫で冷やしておく。
- アーモンドクリームのバターは室温に戻しておく。
- シロップのグラニュー糖を溶かしておく。
- オーブンを200℃に予熱しておく。

作り方

「ココアの即席パイ生地を作る」

1 粉類が入ったボウルを冷蔵庫から取り出してバターを加え、バターが大豆程度の大きさになるまで指の腹でつぶす。(a)

2 冷水を一気に加え、カードやゴムベラなどでざっくり混ぜる。この時点で生地は均一でなく、バターのかたまりが見えていてもよい。生地をひとまとめにしてラップで空気を抜いて包み、冷蔵庫で15分ほど休ませる。(b)(c)

3 台に打ち粉をたっぷりふり、2の生地をのせ、その表面にも打ち粉をふる。麺棒で長さ30cmほどにのばし、上下両端を中心線で重ね、さらに2つ折りにする。生地の向きを90度回転させ、この作業を繰り返し、ラップで包んで冷蔵庫で15分ほど休ませる。

4 3の生地を冷蔵庫から取り出し、同様に打ち粉をふり、麺棒で30cm長さにのばす。今度は中心線に向かって3つ折りにする。向きを90度回転させ、この作業を繰り返し、ラップで包んで冷蔵庫で15分ほど休ませる。(d)(e)(f)

「アーモンドクリームを作る」

5 ボウルにバター、グラニュー糖を入れて泡立て器で混ぜる。さらにアーモンドパウダーを加えて混ぜる。

6 溶き卵、薄力粉を順に加えてその都度混ぜ、粉気がなくなるまで手早く混ぜる。アーモンドクリームは必要以上に混ぜると、焼いている際にダレて流れ出てくることがあるので、混ぜ過ぎないこと。

a

b

c

d

e

f

「パイ生地でクリームを包む」

7 4の生地を冷蔵庫から取り出し、2等分に切る。台の上に打ち粉をたっぷりふり、表面にも打ち粉をふる。麺棒で3mm厚さにのばし、20cm四方の生地にする（生地がダレてきたら冷蔵庫で休ませながら作業する）。残りの生地も同様にのばす。

8 オーブン用シートを敷いた上に生地を1枚のせ、直径15cmのボウルなどで印をつける。跡を目印に溶き卵を刷毛で薄く塗り、中央にアーモンドクリームをドーム状にのせて栗の渋皮煮を埋め込む。(g)(h)(i)

9 もう1枚の生地を45度ずらして被せる。クリームの周りの生地を指で押してつける。表面にも溶き卵を刷毛で塗り、押しつけた部分を円形に切り取る。(j)(k)(l)

10 端と表面にナイフで飾りを入れる。表面中心に十字に、その周りに4か所ほどナイフで空気穴を開ける。(m)(n)

「焼く」

11 オーブン用シートごと天板の上にのせて予熱しておいたオーブンに入れ、35～40分焼く。一度取り出し、オーブンの温度を210℃に上げ、シロップを表面に塗り、再度オーブンに2～3分入れてツヤを出す。ツヤが出たら、天板を外してケーキクーラーにのせて冷ます。

Memo

・パイ生地をのばすときは、バターが麺棒につかないようにまんべんなく打ち粉をふる。

・アーモンドクリームは必要以上に混ぜると、オーブンの中でダレて流れ出てくることがあるので、手早くさっと混ぜる。

・パイの端の飾りは、ナイフで1～2cm間隔で斜めに切り込みを入れ、切り口の両脇を指で押さえるようにする。

・切り落としの余り生地は再度麺棒でのばし、ねじりココアパイ（58～59ページ）を作ることができる。

ねじりココアパイ

「チョコレートマロンパイ」の生地で作るフィンガーパイ。
甘過ぎない、ビターな味わいは、
チョコレートが苦手な男性にも喜ばれます。
カカオニブは、カカオ豆を砕いて殻を取り除いただけの、
チョコレートのピュアな原料。
そのままでは甘みがありませんが、
チョコレートの香り、苦みを味わいたいときに最適です。

材料　長さ8cm・15～18本分

ココアの即席パイ生地（p.56）… 半量＊
グラニュー糖 … 適量
カカオニブ … 適宜
＊もしくは切り落としの余り生地を使ってもよい。

準備

・オーブンを200℃に予熱しておく。

作り方

1　ココアの即席パイ生地（もしくは余り生地）についている打ち粉を刷毛で丁寧に払う。（a）

2　軽くまとめて表面に刷毛で水を薄く塗り、グラニュー糖を打ち粉の代わりにたっぷりまぶし、生地の裏表に貼りつけるようにしながら5mm厚さにのばす。（b）

3　4辺を切り落とし、長さ12～15cm、幅5mmに切る。生地からバターがにじんできているようなら、冷蔵庫で15分ほど休ませる。（c）

4　天板に3をのせて3～4回転ねじり、両端を天板に押しつける。天板にしっかり貼りつけておかないと、焼いている最中にねじりが戻ってしまう。好みでカカオニブを上から散らす。（d）（e）

5　予熱しておいたオーブンに入れ、15～18分焼く。生地が濃いので焼き色が分かりづらいため、焼き過ぎには注意すること。焼けたら天板ごとケーキクーラーにのせて冷ます。

Memo

グラニュー糖は溶けやすく、水が出やすいので、まぶしたらすぐに焼く。

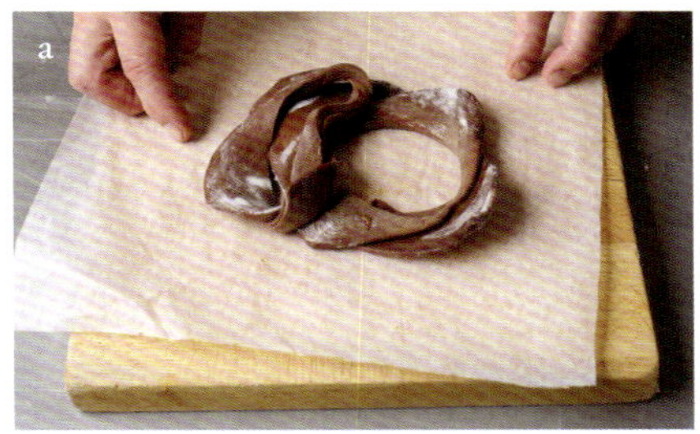
a

b

c

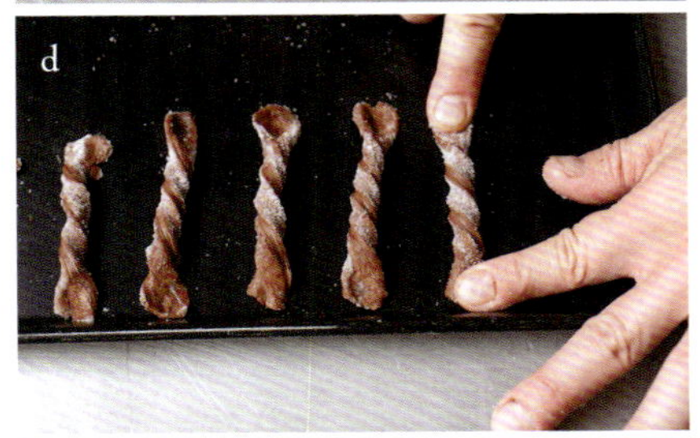
d

e

アメリカン
チョコレートクッキー

製菓用のチョコレートでなくても、
お菓子の板チョコレートで
美味しく作れるクッキーです。
糖分が多いので、減らしたくなりますが、
そうすると独特の食感が失われてしまいます。
甘さが気になるようでしたら、
ビターや、スイートタイプを使うのがおすすめです

材料 直径10cm・7～8枚分

バター … 50g
薄力粉 … 100g
ベーキングパウダー … 小さじ1/3
重曹 … 小さじ1/3
チョコレート … 100g
グラニュー糖 … 50g
きび砂糖 … 50g
塩 … 小さじ1/4
溶き卵 … 約1/2個分(25g)
バニラエクストラクト … 少々

準備

- バターは室温に戻しておく。
- 薄力粉、ベーキングパウダー、重曹は合わせてふるっておく。
- チョコレートは1cm角に刻んでおく。
- オーブンを180℃に予熱しておく。

作り方

1. ボウルにバター、グラニュー糖、きび砂糖、塩を入れ、ゴムベラで練り混ぜる。混ざっていれば砂糖は溶けきらず、ジャリジャリ感が残っていてもよい。
2. 溶き卵、バニラエクストラクトを加え、さらに練り混ぜる。
3. ふるった粉類を加え、粉気がなくなるまで混ぜる。チョコレートを加えてさっくり混ぜる。軽くまとめて生地の表面をラップで覆い、冷蔵庫で30～40分休ませる。
4. 生地をスプーンですくい、約50gに分割して丸め、オーブン用シートを敷いた天板に間隔を空けてのせる。焼き始めると生地は直径10cm程度に広がるので、あまり詰めて並べないこと。
5. 予熱しておいたオーブンで焼き色がつくまで20～23分焼く。焼けたら天板ごとケーキクーラーにのせて粗熱を取る。オーブンから出し立てのクッキーは少し膨らんでいるが、冷めてくるとだんだんと萎んでかたくなる。

ココアとコーヒーのカフェモカ味を
マーブルで楽しむパウンドケーキ。
ココアパウダーは色も濃く、ビターな味わいの
ブラックタイプもありますが、
マイルドなココアパウダーのほうが
このレシピには合います。

ココアコーヒーの マーブル パウンドケーキ

材料 18cmパウンド型・1台分

バター … 100g
溶き卵 … 2個分
A 粉砂糖 … 70g
　きび砂糖 … 20g
　塩 … ひとつまみ
B 薄力粉 … 100g
　アーモンドパウダー … 20g
　(なければ薄力粉5gを足す)
C ココアパウダー … 10g
　インスタントコーヒー … 小さじ1
　牛乳 … 15g
　ラム酒(または水)… 10g
打ち粉(強力粉または薄力粉)… 適量

準備

- 型に薄くバター(分量外)を塗り、打ち粉(強力粉または薄力粉)をふる。もしくはオーブン用シートを敷き込む(82ページ)。
- バターは室温に戻しておく。
- Aは合わせてふるっておく。
- Bの薄力粉はふるっておく。
- Cのココアパウダーはふるっておく。
- オーブンを170℃に予熱しておく。

作り方

1 ボウルにバターを入れ、ふるったAを加えてゴムベラで練り混ぜる。ハンドミキサーに持ち替えて高速で混ぜ、ふんわり白っぽくなるまで泡立てる。

2 溶き卵を3～4回に分けて加え、その都度よく泡立てる。

3 ゴムベラに持ち替えてBを加え、粉気がなくなるまで混ぜる。さらにツヤが出てくるまで30～40回混ぜる。

4 別のボウルにCを入れてよく混ぜ、3の生地1/3量を加えてよく混ぜ、ココア生地を作る。これをプレーン生地のボウルに3分割して戻し入れる。(a)(b)

5 さっくりと3～4回混ぜてマーブル状にする。カードを使い、あまり混ぜないように気をつけながら型に生地を入れる。(c)(d)

6 型ごと台に数回落とし、表面を平らにならす。マーブルの模様が少ないようであれば、竹串を刺して円を描く。予熱しておいたオーブンに入れ、40～45分焼く。

7 竹串で生地のいちばん高いところを刺し、生地がついてこなければ焼き上がり。すぐに逆さまにして型から外し、ケーキクーラーにのせて冷ます。(e)

Memo

- 型に生地を入れる際は、縦に落として詰めるようにしていくとマーブルの模様がきれいに出る。
- 型にオーブン用シートを敷き込んでもよいが、打ち粉をしたほうが表面がきれいに仕上がる。

a

b

c

d

e

製菓用のチョコレートはカカオバター含有量が多いので、
ただ溶かしてかためると、油が浮いた仕上がりに。
家庭で簡易にコーティングに使用する際は、
サラダ油を少し加えると、きれいな表面になります。
今回はホワイトチョコレートを使用しましたが、
お好みのチョコレートをディップしてください。

ホワイトチョコディップのココアマドレーヌ

recipe → p.66

ホワイトチョコディップの
ココアマドレーヌ

材料 マドレーヌ型・15～18個分

薄力粉 … 100g
ココアパウダー … 15g
ベーキングパウダー … 小さじ1/2
卵 … 3個
グラニュー糖 … 120g
塩 … ひとつまみ
はちみつ … 大さじ1
バター … 120g
牛乳 … 小さじ2
ホワイトチョコレート … 80g
サラダ油 … 小さじ2
打ち粉（強力粉または薄力粉）… 適量

準備

- 型にバター（分量外）を塗り、冷蔵庫で冷やしておく。
- 薄力粉、ココアパウダー、ベーキングパウダーは合わせてふるっておく。
- オーブンを180℃に予熱しておく。

Memo

- 作り方1と2で、卵、グラニュー糖、粉類をゆっくり混ぜるのは、マドレーヌの生地の食感をしっとりふわっと仕上げるため。
- 製菓用チョコレートはサラダ油を少し加えて混ぜることで、テンパリングしなくてもコーティングに最適なチョコレートになる。

作り方

1 ボウルに卵を割り入れ、泡立て器で混ぜてコシを切る。グラニュー糖、塩、はちみつを加え、グラニュー糖が溶けるまでゆっくり混ぜる。無理に泡立てないように注意する。

2 ふるった粉類を加え、粉気がなくなるまで泡立て器を立てて持ち、ゆっくり混ぜる。

3 小鍋にバターを入れて弱火にかける。溶けたら、中火にして一気に沸騰させて火を止める。熱い状態のまま2のボウルに加えてすぐに混ぜる。ツヤが出るまで混ぜたらラップを被せ、冷蔵庫で1時間ほど休ませる。(a)(b)(c)

4 焼く直前に冷やしておいた型を冷蔵庫から取り出す。打ち粉をたっぷりふり、型を立てて台に打ちつけ、余分な粉をはらう。

5 生地を冷蔵庫から取り出し、牛乳を加えて泡立て器で混ぜる。スプーンですくって型の8分目まで入れ、型ごと台に数回静かに打ちつける。(d)(e)

6 予熱しておいたオーブンに入れ、20～23分焼く。すぐに型から外し、オーブン用シートを敷いたケーキクーラーの上にのせて冷ます。

7 ボウルにホワイトチョコレート、サラダ油を入れ、湯せん（60～70℃）にかけて溶かす。冷めたマドレーヌをディップし、オーブン用シートの上に戻して乾かす。

a

b

c

d

e

ココアパウダーを入れた生地は焼けているのか、
焼けていないのか、分かりにくいので
焼き過ぎには注意しましょう。
型にバターを2度塗りすることで、
生地表面がカリッと焼き上がります。

ベリーミックスのココアフィナンシェ

材料 フィナンシェ型・6～8個分

薄力粉 … 25g
ココアパウダー … 5g
卵白 … 2～3個分（80g）
グラニュー糖 … 70g
メープルシロップ … 小さじ2
アーモンドパウダー … 40g
塩 … ひとつまみ
バター … 70g
冷凍ベリーミックス … 50g

準備

- 薄力粉とココアパウダーは合わせてふるっておく。
- 型にバター（分量外）を2度塗りし、冷蔵庫で冷やしておく。
- オーブンを220℃に予熱しておく。

作り方

1 ボウルに卵白を入れ、泡立て器で混ぜてコシを切る。グラニュー糖、メープルシロップ、アーモンドパウダー、塩を加えてなめらかになるまで混ぜる。

2 ふるった粉類を加え、粉気がなくなるまで泡立て器を立てて持ち、ゆっくり混ぜる。

3 焦がしバターを作る。小鍋にバターを入れて弱火にかける。溶けたら、弱めの中火にして一気に沸騰させ、さらに焦がしていく。バターは焦げ色がつき始めると、すぐに炭化するので、タイミングを逃さないようによく見ていること。(a)(b)

4 熱い状態のまま2のボウルに加えてすぐに混ぜ、ツヤが出るまで混ぜる。(c)(d)(e)

5 生地は休ませず、スプーンですくって型の7分目まで入れる。生地の中心に冷凍ベリーミックスを凍ったまま2～3粒を埋め込む。

6 予熱しておいたオーブンに入れ、生地が型にいっぱい膨らむまでまず5分ほど焼く。膨らんだら、オーブンの温度を190℃に下げ、さらに15～18分焼く。

7 すぐに型から外し、オーブン用シートを敷いたケーキクーラーの上にのせて冷ます。

Memo

マドレーヌと違い、生地を休ませずにすぐに焼くので、焦がしバターの香りとコクが損なわれない。

a

b

c

d

e

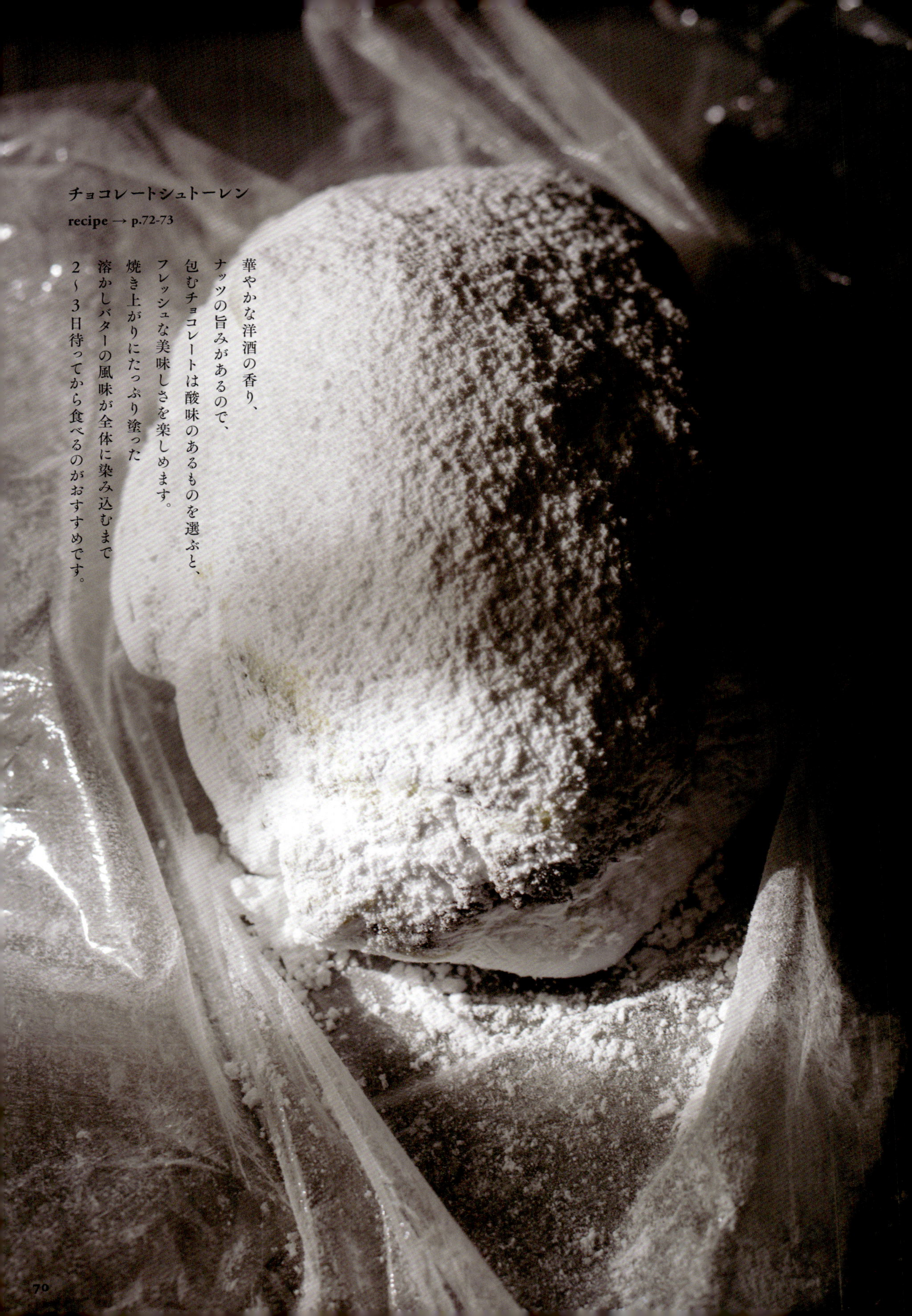

チョコレートシュトーレン

recipe → p.72-73

華やかな洋酒の香り、
ナッツの旨みがあるので、
包むチョコレートは酸味のあるものを選ぶと、
フレッシュな美味しさを楽しめます。
焼き上がりにたっぷり塗った
溶かしバターの風味が全体に染み込むまで
2〜3日待ってから食べるのがおすすめです。

チョコレートシュトーレン

材料 直径15cm・2個分

中種
- 薄力粉 … 20g
- 強力粉 … 20g
- 牛乳 … 45g
- ドライイースト … 1.5g（小さじ1/2）

アーモンドペースト
- アーモンドパウダー … 50g
- チョコチップ … 50g
- 牛乳 … 大さじ1
- 水 … 大さじ1
- グラニュー糖 … 大さじ1と1/2
- 洋酒 … 小さじ1

生地
- バター … 60g
- きび砂糖 … 15g
- 塩 … 小さじ1/4
- 溶き卵 … 約1/2個分（25g）
- アーモンドパウダー … 25g
- スキムミルク … 適宜
- 強力粉 … 50g
- 薄力粉 … 40g
- ココアパウダー … 25g

洋酒漬けドライフルーツ＊ … 70g
ナッツ（ピーカンナッツ、ピスタチオなど）… 50g
溶かしバター … 25g
グラニュー糖 … 適量
粉砂糖 … 適量

＊洋酒漬けドライフルーツは好みのドライフルーツ（グリーンレーズン、杏、ブルーベリー、クランベリー、マンゴーなど）を3日以上洋酒（ラム酒、ブランデーなど）に漬け込んだもの。大きいものは2cm大に刻んでから、洋酒に漬け込む。（a）

a

準備

- 中種を作っておく。ボウルに30℃に温めた牛乳、ドライイーストを入れて混ぜ、イーストを溶かす。薄力粉、強力粉を加えて混ぜ、ラップを被せて室温で40～60分置く。（b）
- アーモンドペーストを作っておく。小鍋に牛乳、水、グラニュー糖を入れて中火にかける。沸騰してきたらアーモンドパウダーを加えて弱火にし、1～2分練り上げて洋酒を混ぜて冷ます。冷めたら、チョコチップを混ぜ入れて2等分にし、棒状に丸めて冷蔵庫に入れておく。（c）（d）
- 生地のバターは室温に戻しておく。
- オーブンを180℃に予熱しておく。

b

c

d

作り方

「生地を作る」

1　ボウルにバターを入れ、やわらかくなるまで練る。きび砂糖、塩を加え、泡立て器で白っぽくなるまで混ぜる。溶き卵を加え、ふんわりするまでよく混ぜる。アーモンドパウダー、あればスキムミルク5gを加え、さらに混ぜる。

2　ゴムベラに持ち替え、中種を加え、さっくりと混ぜる。強力粉、薄力粉、ココアパウダーを加え、粉気がなくなるまで混ぜ、ラップを被せて1時間ほど室温で2倍の大きさになるまで発酵させる。（e）（f）

3　汁気をきった洋酒漬けドライフルーツ、ナッツをカードで混ぜ込んでひとまとめにし、再びラップを被せて室温で30分、冷蔵庫で30分、計1時間ほどさらに発酵させる。（g）

e

f

g

「焼成する」

4　生地を台に置き、軽く押さえて空気を抜く。2等分にしてつぶし、アーモンドペーストをのせて包み、オーブン用シートを敷いた天板に並べる。(h)(i)

5　予熱しておいたオーブンに入れ、25〜30分濃いめの色にしっかり焼く。焼き立てすぐに、熱々の溶かしバターを全体に刷毛でたっぷり塗る。(j)

6　バターが乾いたら、グラニュー糖を全体にまぶしつけ、完全に冷ます。(k)

7　冷めたら、粉砂糖をたっぷりふりかけ、手で押さえて密着させる。霧吹きを全体にふきかけ、再度粉砂糖をたっぷりまぶす。(l)(m)

8　ラップでぴったり包み、さらにアルミホイルで包んで2〜3日野菜室で休ませてから食べる。1週間ほど、野菜室で休ませると、さらに美味しい。(n)

Memo

- 美味しく仕上げるコツはとにかくしっかり焼くこと。
- アルミホイルで包んだシュトーレンは粉砂糖をたっぷりまぶしているので、カビにくい。
- もしソフトなパンのような食感にしたければ、作り方4のあと、そのまま30〜40分室温に置いて少し発酵させてから作り方5に移る。

h

i

j

k

l

m

n

ココアサブレ

バターを多めに入れて焼き上げたサブレ。
そのため、室温では
油がにじみやすくなります。
こまめに冷蔵庫で冷やしながら作業すると、
キリッとパリッとした軽い食感に
焼き上げることできます。

材料 直径6cm・12～15枚分

バター … 80g
薄力粉 … 100g
ココアパウダー … 20g
粉砂糖 … 30g
塩 … ひとつまみ
卵黄 … 1個分
アーモンドパウダー … 30g

準備

・バターは室温に戻しておく。
・薄力粉とココアパウダーは合わせてふるっておく。
・オーブンを160℃に予熱しておく。

作り方

1 ボウルにバターを入れ、粉砂糖、塩をふるいながら加え、ゴムベラで練り混ぜる。

2 卵黄、アーモンドパウダーを加え、さらに練り混ぜる。

3 ふるった粉類を加え、粉気がなくなるまで混ぜる。さらに生地のかたさが均一になるまでボウルの側面に生地を押しつけながら混ぜる。(a)(b)(c)

4 ラップで生地をぴったり包み、冷蔵庫で1時間ほど休ませる。

5 冷蔵庫から生地を取り出し、ラップを外す。オーブン用シートに挟み、麺棒で3mm厚さにのばす。(d)

6 そのまま再度生地を1時間ほど冷蔵庫で休ませて締める。

7 冷蔵庫から生地を取り出し、6cmの丸抜き型で抜き、オーブン用シートを敷いた天板に並べる。予熱しておいたオーブンに入れ、18～20分焼く。天板ごとケーキクーラーにのせて粗熱を取る。

a

b

c

d

ココアのスノーボール

生地の半分がバターのスノーボール。もろくて軽く、粉砂糖の甘さがクセになる美味しさです。急いで生地を焼くと、ダレてしまうので焼き上げる前にしっかり冷蔵庫で1時間ほど生地を休ませましょう。甘さ控えめが好みの場合は、粉砂糖はふりかける程度でも。

材料 直径3cm・30～33個分

バター … 100g
薄力粉 … 110g
コーンスターチ（または片栗粉）… 15g
ココアパウダー … 15g
粉砂糖 … 30g
塩 … ひとつまみ
アーモンドパウダー … 30g
粉砂糖（まぶし用）… 100g

準備

- バターは室温に戻しておく。
- 薄力粉、コーンスターチ、ココアパウダーは合わせてふるっておく。
- オーブンを160℃に予熱しておく。

作り方

1. ボウルにバターを入れ、粉砂糖、塩をふるいながら加え、ゴムベラで練り混ぜる。
2. アーモンドパウダーを加え、さらに練り混ぜる。
3. ふるった粉類を加え、粉気がなくなるまで混ぜ、生地のかたさが均一になるまでボウルの側面に生地を押しつけながら混ぜる。
4. スプーンで生地をすくい、9～10gに分割して丸め、角バットに置く。ふんわりとラップを被せて冷蔵庫で1時間ほど休ませる。
5. オーブン用シートを敷いた天板に丸めた生地を間隔を空けてのせ、予熱しておいたオーブンに入れて14～16分焼く。焼けたら、天板ごとケーキクーラーにのせて粗熱を取る。
6. 角バットにまぶし用の粉砂糖を入れる。粗熱が取れた5を入れて粉砂糖をまぶし、余分な砂糖を払って取り出す。

Memo

まぶし用の粉砂糖は、クッキーが完全に冷めるとしっかりつかないので注意する。

ムラングカカオ

材料　直径5～6cm・7～8個分

卵白 … 2～3個分(80g)
グラニュー糖A … 60g
グラニュー糖B … 50g
ココアパウダー … 15g
ココナッツファイン … 15g(または粗挽き黒胡椒適量)

準備

・天板にオーブン用シートを敷いておく。
・オーブンを110℃に予熱しておく。

作り方

1　ボウルに卵白、グラニュー糖Aを入れ、泡立て器で卵白のコシを切る。湯せん(40～50℃)にかけ、混ぜながらグラニュー糖を溶かす。人肌程度の温度まで温めたら、湯せんから外してハンドミキサーでツノがピンと立つメレンゲにする。(a)(b)(c)

2　グラニュー糖B、ココアパウダー、ココナッツファイン、もしくは粗挽き黒胡椒を加え、ゴムベラでさっくりと泡を消さないように混ぜる。(d)(e)(f)

3　天板にスプーンで2をすくって落とす。好みでココナッツファインか、粗挽き黒胡椒(ともに分量外)をふる。(g)(h)

4　予熱しておいたオーブンに入れ、2時間ほど乾燥焼きする。底をひっくり返し、生の生地が出てこなかったら焼き上がり(または底面を指で弾いてみて、軽い音がすれば焼き上がり)。

Memo

湿気に弱いお菓子なので、すぐに食べない場合は乾燥剤と一緒に密閉容器に入れて保存する。

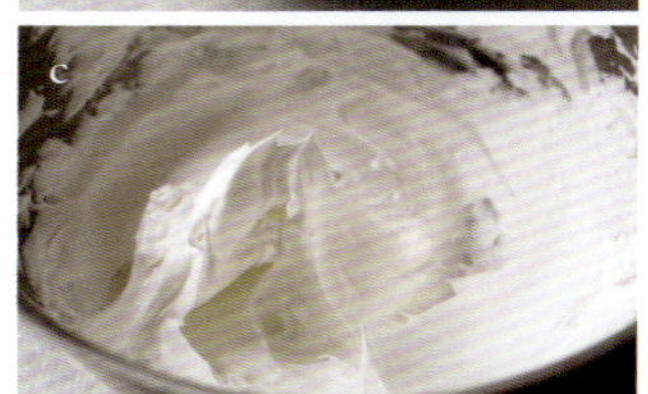

甘い香りのココナッツファインを合わせても。
ピリッとスパイシーな黒胡椒をアクセントで合わせても。
ココアパウダーは入れると色味も味も濃くなりますが、
入れた分だけ、メレンゲを壊しやすいので
強いメレンゲを立てて、手際よく混ぜましょう。

〝テリーヌ〟は例えると、チョコレートを混ぜた卵焼きのようなもの。
カカオ含有量の少ないミルクチョコレートを使用すると、焼きかたまりにくいため、スイート、ビターを選ぶとよいでしょう。
ミルクを使う際は、ココアパウダーを多めに加え、かたまりやすくするとよいです。

チョコレートといちじくのテリーヌ

recipe → p.82-83

チョコレートといちじくのテリーヌ

材料 15cmのパウンド型・1台分

チョコレート … 150g
バター … 100g
卵 … 2個
グラニュー糖 … 50g
ココアパウダー … 10g
いちじくの赤ワイン煮
　セミドライいちじく … 100g
　赤ワイン … 100g
　水 … 100g
　グラニュー糖 … 大さじ2

準備

・いちじくの赤ワイン煮を作っておく。小鍋に材料をすべて入れ、中火にかける。水面から出てきてしまうようなら水を適宜足す。沸騰してきたら弱火にして5分ほど煮る。竹串を刺してすっと入る程度にやわらかくなったら、火を止め、ワイン液に浸したまま冷ます。(a)
・型に型紙を敷き、アルミホイルで全体を覆っておく。(b)
・オーブンを170℃に予熱しておく。

型紙の敷き方

型の底に合わせて折り目をつける。ひと回り大きくオーブン用シートを切り、立ち上がりがつくように4か所切り込みを入れる。

作り方

1　ボウルにチョコレート、バターを入れ、湯せん（60～70℃）にかける。温めながら、泡立て器で混ぜてチョコレートを溶かす。溶けたら、湯せんから外す。

2　別のボウルに卵、グラニュー糖を入れ、湯せん（50～60℃）にかける。人肌程度の温度に温め、グラニュー糖を完全に溶かす。ザルで漉し、気泡や、カラザなどを取り除く。（c）

3　1に2を2～3回に分けて加え、その都度卵液の筋が見えなくなるまで混ぜる。チョコレートにツヤが出てもったりするまでゆっくり混ぜたら、ココアパウダーを加えて混ぜる。（d）（e）（f）

4　いちじくの赤ワイン煮は汁気をしっかりきる。型に3の半量を流し入れ、いちじくを埋め込み、残りの3をすべて流し入れる。型ごと台に数回落とし、表面を平らにならす。（g）

5　天板に20cm以上の角バットなどを置き、その中にペーパータオルを敷き、4を置く。2～3cmの高さまで50℃前後の湯を注ぐ。（h）

6　予熱しておいたオーブンに入れ、20分ほど焼く。その後160℃に温度を下げ、さらに18～20分焼く。

7　オーブンから取り出し、ケーキクーラーにのせて粗熱を取り、型ごと冷蔵庫に2時間ほど入れてしっかり冷やす。しっかり冷えたら、型紙ごと引っ張って型から外す。切り分ける際は、温めたナイフで切ると、きれいな断面になる。

c

d

e

f

g

h

ホワイトチョコレートのテリーヌ

カスタードクリームの優しい甘さと、
ホワイトチョコレートを合わせたテリーヌです。
焼かずにミルキーな味わいを生かすために、
ゼラチンで形を支えます。
甘酸っぱいソースがよく合います。

材 料 15cmのパウンド型・1台分

卵黄 … 2個分
グラニュー糖 … 20g
牛乳 … 150g
ホワイトチョコレート … 80g
生クリーム … 200g
粉ゼラチン … 8g

準 備

・型に型紙を敷いておく。
・粉ゼラチンは水大さじ2（分量外）を混ぜ、2～3分置いてふやかしておく。

作り方

1 ボウルに卵黄、グラニュー糖を入れ、泡立て器で白っぽくなるまですり混ぜる。

2 鍋に牛乳を入れ、弱めの中火にかける。沸騰直前で火を止め、1のボウルに加えて混ぜ、鍋に戻し入れる。

3 再度弱めの中火にかけ、ゴムベラに持ち替えて混ぜ続ける。とろみが出てきたら、火を止めてホワイトチョコレート、ふやかしたゼラチンを加え、ゆっくり混ぜて溶かす。

4 ザルで漉し、生クリームを加えて温度を下げる。氷水に当てながら、とろみがつくまでときどき混ぜる。

5 型に流し入れ、冷蔵庫で冷やしかためる。かたまったら、型紙ごと引っ張って型から外す。切り分ける際は、温めたナイフで切ると、きれいな断面になる。

チョコレートムース

ゼラチンを使わず、
チョコレートの力だけでかためるので、
ミルクチョコレートは不向きです。
ストレートにチョコレートの味が
楽しめるデザートなので、
香りや味に個性のある、
スイートがおすすめです。

材料 2〜3人分

チョコレート … 100g
生クリーム … 50g（または牛乳30g）
ウイスキー … 適宜
卵 … 3個
グラニュー糖 … 大さじ2

Memo

このムースは生の卵をそのまま冷やしてかためるので、必ず新鮮なものを使うこと。作ったら、1〜2日以内で食べ切ること。

作り方

1 ボウルにチョコレートを入れる。

2 小鍋に生クリームを入れ、中火にかける。沸騰寸前で火を止め、1に加え、泡立て器で混ぜながら、余熱でチョコレートを溶かす。あればウイスキー小さじ2を加えて混ぜる。

3 卵は卵黄と卵白に分け、卵黄は2のボウルに加えて混ぜる。

4 別のボウルに卵白とグラニュー糖を入れる。ハンドミキサーの低速で卵白のコシを切り、高速に変えて泡立て、ツノの先が垂れる程度のメレンゲにする。

5 チョコレートのボウルにメレンゲを2回に分けて加え、その都度泡立て器で混ぜる。でき上がったムースを角バットなどに移してラップを被せ、冷蔵庫で2時間ほど冷やす。

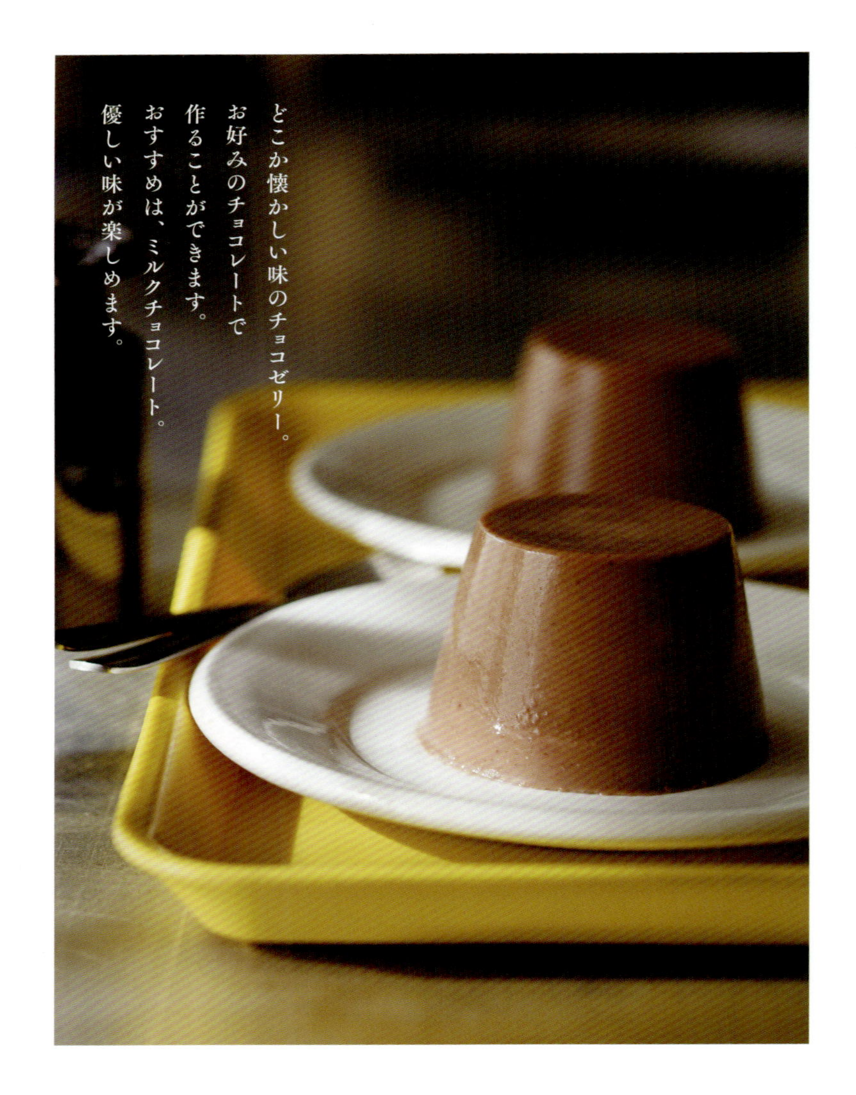

どこか懐かしい味のチョコゼリー。
お好みのチョコレートで
作ることができます。
おすすめは、ミルクチョコレート。
優しい味が楽しめます。

チョコレートゼリー

材料 150mℓプリンカップ・4〜5個分

チョコレート … 60g
牛乳 … 250g
はちみつ … 小さじ2
グランマルニエ … 小さじ2
粉ゼラチン … 5g
生クリーム … 適宜

準備

・粉ゼラチンは水大さじ2（分量外）を混ぜ、2〜3分置いてふやかしておく。

作り方

1 ボウルにチョコレートを入れる。

2 小鍋に牛乳半量、はちみつを入れてゴムベラでひと混ぜし、弱めの中火にかける。沸騰寸前で火を止めて1に加え、泡立て器で混ぜながら余熱でチョコレートを溶かし、グランマルニエを加えて混ぜる。

3 2にふやかしたゼラチンを加えて混ぜて溶かし、残りの牛乳を加えて混ぜる。粗熱が取れたら、氷水に当て、混ぜながらとろみをつける。

4 プリンカップに注ぎ入れ、冷蔵庫で2〜3時間冷やしかためる。食べるときは、カップをさっと湯に当ててから皿に取り出す。好みで生クリームをかける。

チョコレートジェラート

カカオ含有量の多いチョコレートは、
冷やすとかたくなります。
ビター過ぎないチョコレートを
選ぶとよいでしょう。
副材料に合わせて、
スイートかミルクがおすすめ。
バナナや、メロン、いちごなどを添えて
季節で楽しめるジェラートです。

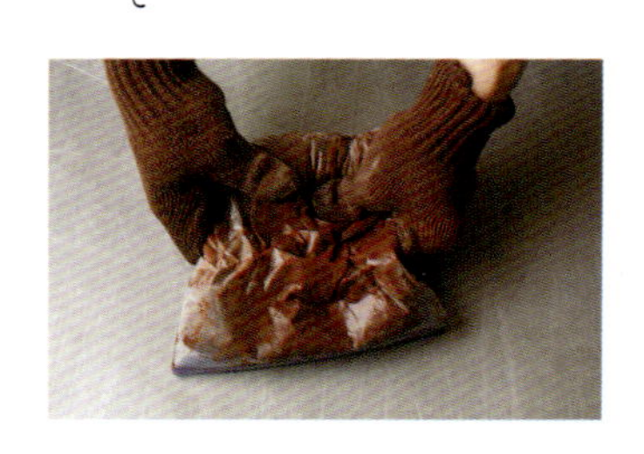

材料 4～5人分

グラニュー糖 … 80g
ココアパウダー … 15g
水 … 150g
練乳（またはグラニュー糖）… 10g
チョコレート … 50g
牛乳 … 150g
粉ゼラチン … 小さじ1
好みのフルーツ … 適量

準備

- グラニュー糖とココアパウダーは合わせて混ぜておく。
- 粉ゼラチンは水大さじ1（分量外）を混ぜ、2～3分置いてふやかしておく。

作り方

1 鍋に水、練乳、合わせておいたグラニュー糖とココアパウダーを入れ、泡立て器で混ぜる。中火にかけ、沸いたら火を止める。

2 チョコレートを加えて余熱で溶かし、ふやかしたゼラチン、牛乳を順に加え、その都度よく混ぜ、粗熱を取る。

3 冷凍用保存袋に入れて冷凍庫で1時間半ほど冷やす。半凍りになったら、軍手などをはめた手でもんで混ぜる。

4 再度冷凍庫に4～5時間入れ、完全に凍らせる。ジェラートをディッシャーなどでクープし、フルーツを添えていただく。

チョコレートミントソルベ

冷やすとよりかたくなり、口溶けが悪くなるので、氷菓にはあまりビターでないチョコレートが合います。ミントの葉は食べる直前に混ぜ込むと、色も香りも損なわれません。

材料 4〜5人分

グラニュー糖 … 80g
ココアパウダー … 15g
水 … 150g
練乳（またはグラニュー糖）… 10g
チョコレート … 50g
牛乳 … 150g
ミントの葉 … 約10枚

準備

・グラニュー糖とココアパウダーは合わせて混ぜておく。

作り方

1 鍋に水、練乳、合わせておいたグラニュー糖とココアパウダーを入れ、泡立て器で混ぜる。中火にかけ、沸いたら火を止める。

2 チョコレートを加えて余熱で溶かし、牛乳を加えて混ぜ、粗熱を取る。

3 角バットなどに移してラップを被せ、冷凍庫に1時間半ほど入れる。半凍りになったら、フォークで凍っているところと液体の部分をざっと混ぜる。再度冷凍庫に4〜5時間入れ、完全にかためる。

4 フォークでかき、ミントの葉をちぎって加え、ざっと混ぜる。

[本書に登場する3種のメレンゲ]

フレンチメレンゲ

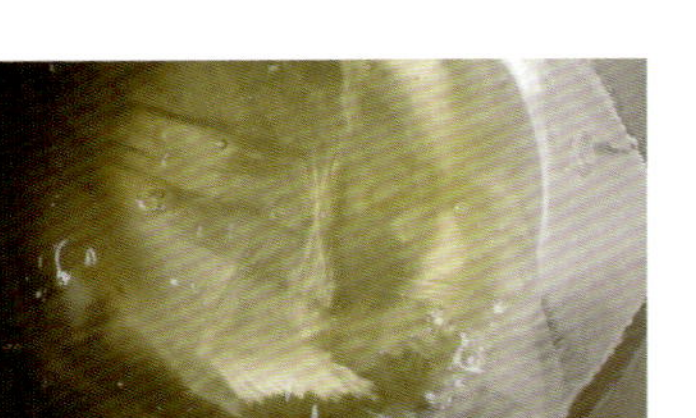

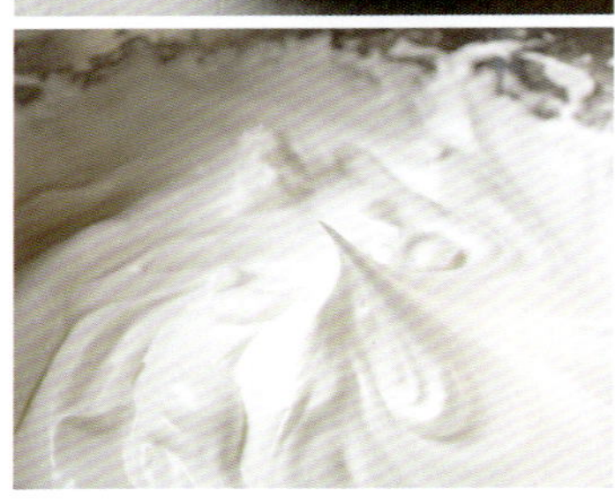

冷やした卵白に
砂糖を3回に分けて加えて
泡立てる。

お菓子作りでいちばん登場することの多いフレンチメレンゲ。卵白は砂糖を加えて泡立てると、卵白の水分に砂糖が溶けて泡立ってメレンゲになります。砂糖は泡を安定させると同時に、泡立ちを邪魔する性質も持ち併せます。最初に多く入れてしまうと、泡立ちにくくなってしまいす。フレンチメレンゲは数回に分けて加えて泡立てることで、チョコレートの油脂分にも負けない安定感のある、きめ細かいメレンゲになります。また卵白は冷やすと泡立ちが悪くなりますが、それを逆手に取り、一気にハンドミキサーで泡立てることで、さらに細かい泡のみの気泡にするのがフレンチメレンゲの特徴です。

[使用菓子]

→ガトーショコラクラシック、ザッハートルテ、チョコレートサンドのビスキュイショコラ、チョコレートのシフォンケーキなど

スイスメレンゲ

卵白を温め、卵白と同量程度、
またはそれより多い砂糖を
一度に加えて泡立てる。

スイスメレンゲは卵白と同量程度、またはそれよりも多い砂糖を一度に加えて泡立てるメレンゲです。最初にたくさんの砂糖を溶かしたいので、卵白を50℃の湯せんで温めます。また糖分が多いと、泡立ちにくいメレンゲですが、温めた卵白は表面張力が下がるので、泡立てやすくなります。メレンゲの状態は、フレンチメレンゲよりもかたく、安定感があり、焼いても泡が消えません。

[使用菓子]

→ムラングカカオ

濡れ泡メレンゲ

室温の卵白に
砂糖を一度に加えて
泡立てる。

室温程度の卵白に砂糖を一度に加えて泡立てる濡れ泡メレンゲ。こういったメレンゲは通常ないのですが、しっとりした生地に仕上げたいときや、かたいメレンゲでは混ざりにくい、とろんとした緩めのベースに加えるときに作るメレンゲです。室温の卵白に砂糖を一度に加え、ハンドミキサーで一気に泡立てます。卵白は一度に多めの砂糖を加えると泡立ちにくくなるので、大きな泡ができず、小さな泡だけで形成されて、すくって垂れる状態でも、ツノやかたさが出る前に、十分な気泡量のメレンゲを作ることができます。

[使用菓子]

→ガトーショコラ ナンシー、ミルクチョコレートのスフレチーズケーキなど

[チョコレートとココアパウダーについて]

①ミルクチョコレート ②スイートチョコレート ③ビターチョコレート ④ホワイトチョコレート ⑤ココアパウダー

チョコレート

本書のお菓子はすべて製菓用のチョコレートを使います。クーベルチュールチョコレートともいいます。カカオ含有量35%以上のものをいい、含有量により、ホワイト、ミルク(カカオ含有量30～40%)、スイート(カカオ含有量50%前後)、ビター(カカオ含有量70%前後)に分かれます。本書では60～70℃の湯せんにかけて溶かして使用します。お菓子の板チョコレートも溶かして使うことができます。ただ甘みが強いので、その際は砂糖を1～2割少なめに調整してください。

ココアパウダー

ケーキや焼き菓子で、カカオの風味や色を加えたいとき使うココアパウダー。種類により風味に差があります。お菓子で使う場合は、砂糖が入っていないカカオ100%のものを選びましょう。

■ チョコレートの湯せん

タブレット状のものはそのまま、板状のものは刻んでから使います。ボウルにチョコレートを入れ、60～70℃の湯せんにかけて溶かします。チョコレートは水分が大敵なので、ボウルをよくふいてから使用してください。

[チョコレート菓子で使う道具]

① 粉ふるい

ストレーナーともいいます。網目の粗過ぎないザルでも代用できます。

② カード

スケッパーとも呼ばれます。少ししなるやわらかいものが使いやすいです。

③ 茶漉し

粉砂糖などをふるうときに使います。

④ クランクナイフ

ケーキの仕上げに、クリームの表面をきれいに整えるために使います。

⑤ パレットナイフ

生地にクリームを均一に塗り広げるときに使います。パレットナイフで塗ったクリームを、さらに整えるのがクランクナイフです。

⑥ 泡立て器

全長27cm程度のものが使いやすいです。

⑦ ゴムベラ

生地を混ぜたり、生地を型に流し入れる際に使います。ボウルに馴染むものを選ぶとよいでしょう。

⑧ 刷毛

シロップや、卵液を生地に塗る際に使います。毛製、シリコン製のものがあります。使用後は食器用洗剤を使ってもみ洗いし、しっかり乾かしてください。

⑨ 麺棒

パイ生地や、タルト生地をのばす際に使います。使用後は水洗いせず、濡れフキンで汚れをふき、カビないようにしっかり乾かしましょう。

［ チョコレート菓子で使う型 ］

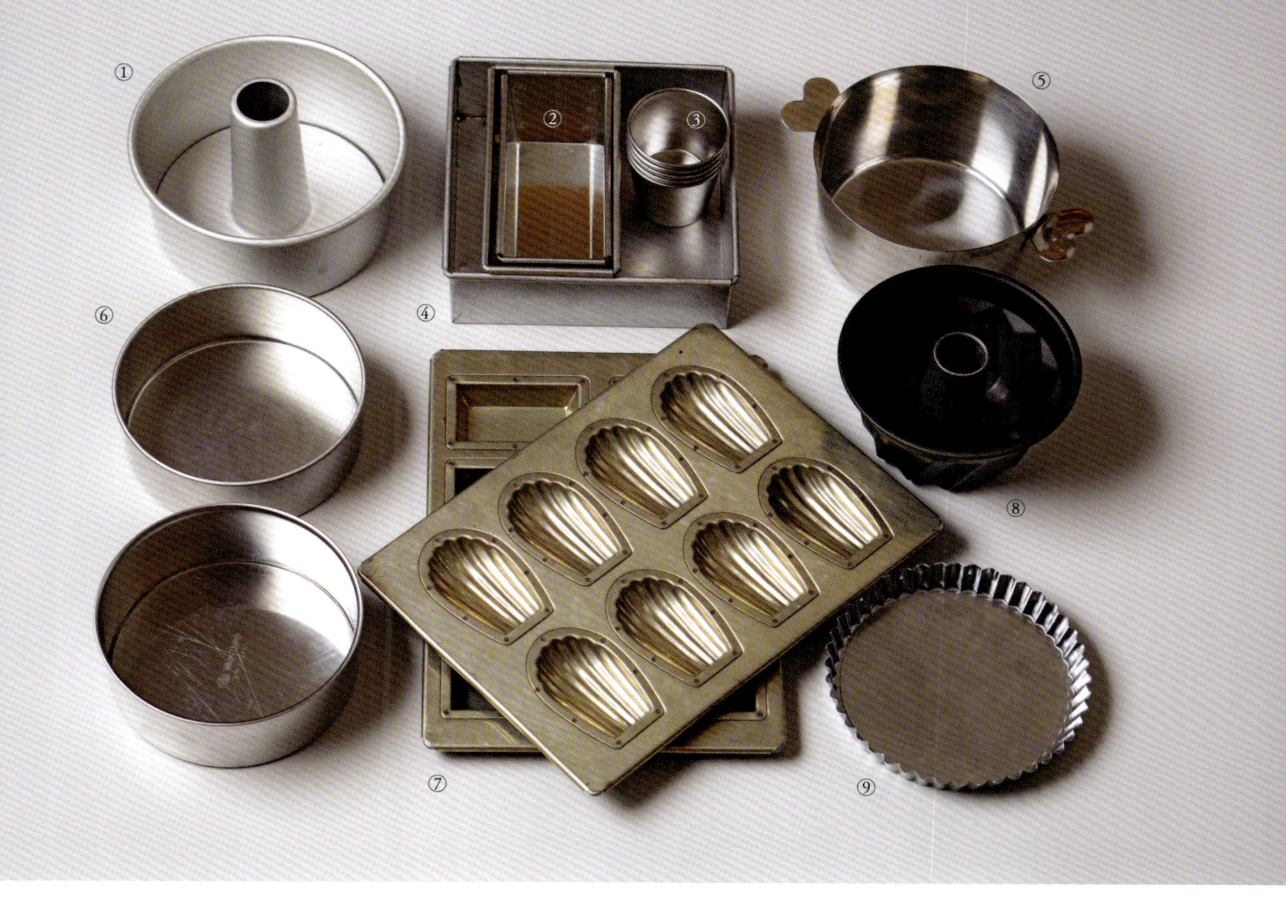

① シフォンケーキ型

直径17cmのものを使います。継ぎ目のない、熱伝導のよいアルミ製のものがよいです。なければ21cm大の角バットで代用しても。

② パウンド型

本書ではパウンドケーキに18cm、テリーヌに15cmの直径サイズのものを使います。

③ ステンレス製プリンカップ

プリンはもちろん、ゼリーにも使えます。150㎖容量（直径7.5cm）のものを使います。

④ 角型

直径18cmのものをブラウニーで使用します。ない場合は同容量程度の角バットを使っても。

⑤ シャルロット型

女性用の帽子の形に似ていることからこの名前に。本書では直径15cmのものを蒸し焼きガトーショコラ（12ページ）で使います。なければ15cmの丸型でも。

⑥ 丸型

直径15cmのものを使います。底が取れる「底取」、底が取れない「共底」の2種類を使い分けます。生地がやわらかいもの、またはフルーツなどがのっていてひっくり返して生地を取り出すことができないものは「底取」タイプを使います。

⑦ マドレーヌ型とフィナンシェ型
（またはインゴット型）

表面にシリコン樹脂やフッ素樹脂加工されたものを使うと、型から外しやすいです。なければマフィンカップで代用しても。

⑧ クグロフ型

直径14cmのものを使用します。複雑な形のため、型紙が敷けないのでバターを塗ったあと、打ち粉をふってから使ってください。なければ18cmのパウンド型、もしくは15cmの丸型を使っても。

⑨ タルト型

丸型同様、「底取」と「共底」の2種類があります。好みのタイプを使ってください。本書で使用しているサイズは直径15cmです。

使用後の型の手入れ方法

できれば洗剤は使わずに、ぬるま湯とタワシで洗いましょう。洗剤で洗うと、せっかく型に馴染んだ油脂が取れてしまいます。また、ものによっては防サビ加工されていないので、洗ったあとはすぐに水気をふくか、オーブンの余熱が残っていれば、オーブンに入れてしっかり乾かします。

ムラヨシマサユキ

料理研究家。製菓学校卒業後、パティスリー、カフェ、レストランなどの勤務を経て、2009年からお菓子とパンの教室をスタートさせる。「家で作るからおいしい」をコンセプトに、日々の暮らしの中にある“おいしい”を、繰り返し作れるシンプルなレシピで提案する。雑誌、書籍、テレビ、料理教室の講師、メニュー開発など多方面で活躍中。『ムラヨシマサユキのお菓子―くりかえし作りたい定番レシピ』（西東社）、『ムラヨシマサユキのジャムの本』（主婦と生活社）、『冷蔵庫仕込みでじっくり発酵。カンパーニュ』（グラフィック社）など多数。

ムラヨシマサユキの
チョコレート菓子

ぼくのとっておきのレシピ。

2019年11月25日　初版第1刷発行
2019年12月25日　初版第2刷発行
2020年 1 月25日　初版第3刷発行
2021年 1 月25日　初版第4刷発行
2025年 3 月25日　初版第5刷発行

著者　ムラヨシマサユキ
発行者　津田淳子
発行所　株式会社グラフィック社
〒102-0073
東京都千代田区九段北1-14-17
tel.03-3263-4318（代表）
03-3263-4579（編集）
https://www.graphicsha.co.jp

印刷・製本　TOPPANクロレ株式会社

ISBN978-4-7661-3345-5 C2077

写真　南雲保夫
スタイリング　中里真理子
装丁　髙橋朱里、菅谷真理子（マルサンカク）
調理アシスタント　鈴木萌夏
編集　小池洋子（グラフィック社）